高职院校会计专业
教学做一体化

基础会计实训

Basic Accounting
Practice Training

叶叔昌 ◎ 主编
陈三华 丁双元 ◎ 副主编

高职高专『十二五』规划课改教材建设项目

财务会计类

Financial Accounting

人民邮电出版社
北京

图书在版编目（CIP）数据

基础会计实训 / 叶叔昌主编. -- 北京 : 人民邮电出版社, 2014.9（2020.7重印）
高职高专“十二五”规划课改教材建设项目
ISBN 978-7-115-36345-9

Ⅰ. ①基… Ⅱ. ①叶… Ⅲ. ①会计学－高等职业教育－教材 Ⅳ. ①F230

中国版本图书馆CIP数据核字(2014)第144845号

内 容 提 要

本书融合编者 20 余年的教学和 10 余年的工作实践经验，秉承现代职业教育理念，按照会计工作过程和教学需要设计，给出了企业 3 个月份（1 月、2 月和 12 月）的基本经济业务案例，分别供教师在课堂上向学生讲解并示范、学生课后练习和专门实训，让学生切实掌握企业整个会计年度的账务处理过程和内容。全书内容既是企业一个会计年度经济业务的缩影，又能反映企业会计业务的月度衔接。

本书是高职院校会计专业教学做一体化系列教材之《基础会计实务》的配套实训教材，也可作为一本独立的实训教材使用。

◆ 主　　编　叶叔昌
副 主 编　陈三华　丁双元
责任编辑　韩旭光
责任印制　张佳莹　杨林杰
◆ 人民邮电出版社出版发行　　北京市丰台区成寿寺路 11 号
邮编　100164　　电子邮件　315@ptpress.com.cn
网址　http://www.ptpress.com.cn
北京捷迅佳彩印刷有限公司印刷
◆ 开本：700×1000　1/16
印张：15.75　　2014 年 9 月第 1 版
字数：301 千字　　2020 年 7 月北京第 10 次印刷

定价：25.00 元

读者服务热线：(010)81055256　印装质量热线：(010)81055316
反盗版热线：(010)81055315

前　言

基础会计是会计专业的入门课程，也是会计专业最重要的一门专业基础课，旨在帮助学生明确会计工作内容，熟悉会计工作流程，掌握会计核算的基本原理和方法，训练会计操作技能。

要学好基础会计这门课程，必须进行完整而扎实的实训。本书是高职院校会计专业教学做一体化系列教材之《基础会计实务》的配套实训教材，也可作为一本独立的实训教材使用。

本书秉承现代职业教育理念，紧紧围绕前述基础会计课程的教学目标，将学生的学习过程分为三个阶段——课堂教学、课后练习和专门实训，这三个阶段相互衔接，不可分割。相应地，本书给出了一个企业 3 个月份（1 月、2 月和 12 月）的经济业务案例，其中 1 月份的经济业务主要供教师在课堂上向学生讲解并示范，2 月份的经济业务主要供学生课后练习，12 月份的经济业务主要供学生实训。在内容选取方面，本书力求完整体现会计工作过程，全面训练学生的会计基本操作技能，切实巩固学生对会计核算基本原理和方法的理解和掌握，尽可能回避其他专业课程要详细讲解的内容（如日记账的设置与登记、存货的实际成本与计划成本、固定资产折旧、制造费用和生产成本的分配和税费的计算）。本书给出 1 月、2 月和 12 月（中间月份略去，12 月接 2 月）的经济业务，是一个会计年度的缩影，又能够反映出月份之间的衔接，还能让学生接触到会计工作中的一些细节问题并学会处理。

为方便教学和实训，本书将 1、2 月份的经济业务或事项分类编排，而将 12 月份的经济业务或事项按时间顺序编排。为方便教师检查和判断学生的练习和实训结果，本书将不同经济业务的相关凭证用虚线分开（同一经济业务有多张原始凭证的，只编制一张记账凭证，不拆成多笔经济业务）。

本书由武汉船舶职业技术学院叶叔昌主编，武汉船舶职业技术学院陈三华、丁双元为副主编。限于编者的水平，本书不足之处在所难免，恳请读者不吝赐教。

编　者

2014 年 5 月

目 录

一、实训说明

（一）实训目的与要求

1. 实训目的

基础会计实训是会计专业最重要的实训项目，它为会计其他专业实训奠定基础，是其他专业实训不能替代的，其目的是

（1）熟悉会计工作流程。

（2）掌握会计核算方法。

（3）训练会计操作技能。

（4）增强会计理论理解。

（5）培养会计职业素养。

2. 实训要求

为达到实训目的，学生应当做到以下几点：

（1）充分认识本实训的重要意义，端正态度，认真对待。

（2）独立、按时完成各项实训任务。

（3）不漏掉任何一笔业务，不放过任何一个环节。

（4）力求规范、整洁。

（5）注重思考，理论联系实践，学以致用。

（6）保管好自己的各种资料，经常查看。

（二）实训内容及安排

序号	实训项目	主要内容	安排说明	备注
1	设立账簿	（1）设立总账 （2）设立三栏明细账 （3）设立多栏明细账 （4）设立数量金额明细账	每项内容在课堂上设置部分账户，其余在课后完成	不设日记账，留到出纳课程中进行
2	填制记账凭证	（1）填制 1 月份记账凭证 （2）填制 2 月份记账凭证 （3）填制 12 月份记账凭证	1 月份记账凭证在课堂上填制，2 月份记账凭证在课后填制，12 月份记账凭证在实训时填制	12 月份要求补充部分凭证
3	编制科目汇总表	（1）编制 1 月份科目汇总表 （2）编制 2 月份科目汇总表 （3）编制 12 月份科目汇总表	1 月份科目汇总表编制在课堂上进行，2 月份科目汇总表编制在课后进行，12 月份科目汇总表编制在实训时进行	
4	登记账簿	（1）登记总账 （2）登记三栏明细账 （3）登记多栏明细账 （4）登记数量金额明细账	1 月份每项内容课堂上登记部分账户，其余在课后完成，2 月份在课后完成，12 月份在实训时完成	不登记日记账，留到出纳课程中进行
5	对账结账	（1）对账 （2）错账更正 （3）结账	1 月份在课堂上进行，2 月份在课后完成，12 月份在实训时完成	
6	编制会计报表	（1）编制资产负债表 （2）编制利润表	1 月份在课堂上进行，2 月份在课后完成，12 月份在实训时完成	
7	资料整理	（1）装订凭证 （2）补充账簿启用表 （3）明细账账页编号	实训时完成	

（三）实训用品及建议

1. 自备用品

序号	用品名称	配置数量（每人）	选用建议
1	记账凭证	3 本	用 6 行通用记账凭证
2	总分类账	1 本	用 16 行横式账簿
3	三栏明细分类账	1 本	用 16 行横式账簿
4	多栏明细分类账	1 本	用单向 13 栏账簿
5	数量金额明细分类账	1 本	用 16 行横式两用存货账簿
6	应交税费（增值税）明细账		

续表

序号	用 品 名 称	配置数量（每人）	选 用 建 议
7	凭证封面	3 张	
8	黑色水芯笔	1 支	
9	红色水芯笔	1 支	
10	铅笔	1 支	
11	复写纸	2 张	
12	固体胶	1 支	中号
13	直尺	1 把	塑料制成
14	长尾夹	2 个	中号
15	裁纸刀	1 把	为了安全，可以不用

2. 公用物品

序号	用 品 名 称	配 置 数 量	备 注
1	会计科目章	1 盒/2 人	实训时用，平时可手写
2	通用科目章	1 盒/3 人	实训时用，平时可手写
3	胶水	1 瓶/10 人	用于粘贴凭证封面
4	装订线	1 袋	
5	装订机	1 台/班	

（四）其他说明

1. 制表人没有签字的表格是由会计人员自已编制的，需要签字。
2. 实训资料妥善保管，留待后续课程使用。

二、会计主体说明

（一）企业基本情况

武汉鼎新家具有限公司是一家小型生产型企业，主要生产经营“鼎新”牌桌子和椅子等两种产品，注册资本 900 万元。该公司基本情况如下。

注册地址：武汉市环湖路 1 号

电话：027-84876642

董事长(法人代表)：吴剑　总经理：刘奋发

税务登记号：420110862387652

纳税人类别：增值税一般纳税人

基本存款账户：中国工商银行长江支行

账号：40586123768

部门设置：行政办公室、技术部、财务部、供应部、销售部、基本生产车间和仓库。

（二）生产经营过程

供应部分别从武汉三江木板公司、武汉佳禾木材公司和武汉七彩油漆公司购进木板、原木和油漆，存放于材料仓库，生产车间根据公司生产计划和材料消耗定额先后从仓库领取木板、原木和油漆，先将木板和原木制作成桌椅，再涂上油漆，经检验合格后交存仓库，最后由销售部将桌椅销往汉口、汉阳和武昌各家具商场。

桌椅成套生产、成套销售，每套由1张桌子、4把椅子组成。

（三）会计核算方法

1. 执行财政部2006年颁布的《企业会计准则》。

2. 采用科目汇总表核算形式。

3. 原材料每次领用时按采购价格计算成本，库存商品在月末按平均成本计算发出成本。

4. 固定资产按综合折旧率计提折旧，月折旧率为0.5%。

（四）其他有关说明

1. 所有货物适用17%的增值税税率。

2. 城市维护建设税按增值税应纳税额的7%计算缴纳，教育费附加按增值税应纳税额的3%计算缴纳。

3. 企业所得税按年度会计利润计算，税率为25%。

4. 除以上税费外，不考虑其他税费。

5. 职工福利费按当月实际发生额计提，工会经费按工资的2%计提，职工教育经费按工资的2.5%计提。

6. 不考虑职工养老保险、医疗保险、失业保险、工伤保险、生育保险和住房公积金。

7. 不进行利润分配。

（五）账户余额表

武汉鼎新家具有限公司 2012 年年末账户余额表

总分类账户	明细分类账户	单位	数量	单价	借方余额	贷方余额
库存现金					3 000.00	
银行存款					1 800 000.00	
应收账款					500 000.00	
	汉阳家具商场				200 000.00	
	汉口家具商场				300 000.00	
预付账款					350 000.00	
	武汉佳禾木材公司				150 000.00	
	武汉三江板材公司				200 000.00	
其他应收款					7 000.00	
	张大明				4 000.00	
	刘奋发				3 000.00	
原材料					640 000.00	
	木板	张	1500	200.00	300 000.00	
	原木	根	3000	100.00	300 000.00	
	油漆	桶	50	800.00	40 000.00	
库存商品					900 000.00	
	桌椅	组	1500	600.00	900 000.00	
固定资产					6 800 000.00	
	生产用固定资产				5 000 000.00	
	管理用固定资产				1 500 000.00	
	销售用固定资产				300 000.00	
累计折旧						612 000.00
应付账款						50 000.00
	武汉七彩油漆公司					50 000.00
预收账款						200 000.00
	武昌家具商场					200 000.00
应付职工薪酬						60 000.00
	工会经费					25 000.00
	职工教育经费					35 000.00
应交税费						190 000.00
	应交所得税					80 000.00
	应交增值税					100 000.00
	应交城市维护建设税					7 000.00
	应交教育费附加					3 000.00
实收资本						9 000 000.00
盈余公积						550 000.00
利润分配						338 000.00
	未分配利润					338 000.00
合计					11 000 000.00	11 000 000.00

三、原始凭证

（一）2013年1月

1. 购货业务

4200123141　　**湖北省增值税专用发票**　　№23560145

（印章：湖北 国家税务总局监制）

发 票 联

开票日期：2013 年 01 月 02 日

购货单位	名　　称：武汉鼎新家具有限公司 纳税人识别号：420110862387652 地址、电话：武汉市环湖路 1 号 027-84876642 开户行及账号：中国工商银行长江支行 40586123768			密码区	43+50+-4-+>4>0+86/0*41>41-2 7-70<*856<-++9436<3392/37+8 2+3<9+004*/486787**/32-4>56 80/52>2++*-3-<35*827/+->342		加密版本：01 4200123141 23560145
货物或应税劳务名称	规格型号	单位	数量	单价	金额	税率	税额
木板	2000×1000×15	张	500	200.00	100 000.00	17%	17 000.00
合　计							
价税合计（大写）	⊗壹拾壹万柒仟元整				（小写）¥117 000.00		
销货单位	名　　称：武汉三江板材有限公司 纳税人识别号：420104865645612 地址、电话：武汉市汉西路 1 号 027-83231256 开户行及账号：中国农业银行汉西路支行 17028524321			备注	（印章：武汉三江板材有限公司 420104865645612 发票专用章）		

收款人：　　复核：　　开票人：张玲　　销货单位：（章）

第二联 发票联 购货方记账凭证

武汉鼎新家具有限公司

材 料 入 库 单

CLRK20130001

2013年1月2日

材料来源：武汉三江板材有限公司

材料名称	规　格	计量单位	购买数量	入库数量	备注
木板	2000×1000×15	张	500	500	

②记账

采购员：周林　　　　保管员：张强

4200023141

湖北省增值税专用发票

№45235601

发票联

开票日期：2013年01月04日

购货单位	名　称：武汉鼎新家具有限公司 纳税人识别号：420110862387652 地址、电话：武汉市环湖路1号027-84876642 开户行及账号：中国工商银行长江支行40586123768	密码区	51>41-216/0*42+80+-4-+>4>0+ 7-70<*856<-+92/36<33+9437+8 04*/486+787**/32-4>32+3<9+0 27>25*8+80/52+/+->342*-3-<3	加密版本：01 4200023141 45235601

货物或应税劳务名称	规格型号	单位	数量	单价	金额	税率	税额
原木	4 000×200	根	1 000	100.00	100 000.00	17%	17 000.00
合　计							
价税合计（大写）	⊗壹拾壹万柒仟元整				（小写）¥117 000.00		

销货单位	名　称：武汉佳禾木材有限公司 纳税人识别号：420102556784350 地址、电话：武汉市汉东路8号027-82235658 开户行及账号：中国银行汉东路支行35628524333	备注	武汉佳禾木材有限公司 420102556784350 发票专用章

收款人：　　复核：　　开票人：刘芳　　销货单位：（章）

第二联 发票联 购货方记账凭证

武汉鼎新家具有限公司

材 料 入 库 单

CLRK20130002

2013年1月4日

材料来源：武汉佳禾木材有限公司

材料名称	规　格	计量单位	购买数量	入库数量	备注
原木	4 000×200	根	1000	1000	

②记账

采购员：周林　　　　保管员：张强

4200020142

湖北省增值税专用发票

№35645201

湖北

发 票 联

开票日期：2013年01月05日

购货单位	名　　称：武汉鼎新家具有限公司 纳税人识别号：420110862387652 地址、电话：武汉市环湖路1号 027-84876642 开户行及账号：中国工商银行长江支行 40586123768			密码区	2+50+86/0*41-4-+>4>0+1>41-2 6<-+436<337-70<*85+992/37+8 704*/4887**/32-2+3<9+064>34 80/5+7/+->342+2>2*-3-<35*82	加密版本：01 4200020142 35645201	
货物或应税劳务名称	规格型号	单位	数量	单价	金额	税率	税额
油漆		桶	150	800.00	120 000.00	17%	20 400.00
合　计							
价税合计（大写）	⊗壹拾肆万零肆佰元整				（小写）¥140 400.00		
销货单位	名　　称：武汉七彩油漆有限公司 纳税人识别号：420105423156789 地址、电话：武汉市汉南路18号 027-84282658 开户行及账号：汉口银行汉南路支行 42128521111			备注	武汉七彩油漆有限公司 420105423156789 发票专用章		

第二联　发票联　购货方记账凭证

收款人：　　复核：　　开票人：王娟　　销货单位：（章）

武汉鼎新家具有限公司

材 料 入 库 单

CLRK20130003

2013年1月5日

材料来源：武汉七彩油漆有限公司

材料名称	规　格	计量单位	购买数量	入库数量	备注
油漆		桶	150	150	

②记账

采购员：周林　　　　保管员：张强

4200123141

湖北省增值税专用发票

№23564501

发 票 联

开票日期: 2013 年 01 月 16 日

购货单位	名　　称:	武汉鼎新家具有限公司	密码区	787*12+50+-4-+>4>0+86/0*41>	加密版本: 01
	纳税人识别号:	420110862387652		7-70<*856<-+41-2+94392/37+8	4200123141
	地址、电话:	武汉市环湖路 1 号 027-84876642		36<32+3<9+384*/486*/32-4>32	23564501
	开户行及账号:	中国工商银行长江支行 40586123768		80/52>2++*-3-<35*827/+->342	

货物或应税劳务名称	规格型号	单 位	数 量	单 价	金　额	税率	税　额
木板	2 000×1 000×15	张	500	200.00	100 000.00	17%	17 000.00
合　计							
价税合计（大写）	⊗壹拾壹万柒仟元整				（小写）¥117 000.00		

销货单位	名　　称:	武汉三江板材有限公司	备注	
	纳税人识别号:	420104865645612		武汉三江板材有限公司 420104865645612 发票专用章
	地址、电话:	武汉市汉西路 1 号 027-83231256		
	开户行及账号:	中国农业银行汉西路支行 17028524321		

收款人:　　　　复核:　　　　开票人: 张玲　　　　销货单位:（章）

第二联 发票联 购货方记账凭证

武汉鼎新家具有限公司

材 料 入 库 单

CLRK20130004

2013年1月16日

材料来源：武汉三江板材有限公司

材料名称	规　格	计量单位	购买数量	入库数量	备注
木板	2000×1000×15	张	500	500	

②记账

采购员：周林　　　　保管员：张强

4200023141

湖北省增值税专用发票

发　票　联

№45236015

开票日期：2013年01月18日

购货单位	名　　称：武汉鼎新家具有限公司 纳税人识别号：420110862387652 地址、电话：武汉市环湖路1号 027-84876642 开户行及账号：中国工商银行长江支行 40586123768	密码区	51>41-280+-4-+>4>0+16/0*42+ 3+9437+87-70<*856<-+92/36<3 04*/486+787**/32-4>32+3<9+0 27>22+/+->342*-3-<35*8+80/5	加密版本：01 4200023141 45236015

货物或应税劳务名称	规格型号	单位	数量	单价	金额	税率	税额
原木	4 000×200	根	1 000	100.00	100 000.00	17%	17 000.00
合　计							
价税合计（大写）	⊗壹拾壹万柒仟元整				（小写）¥117 000.00		

销货单位	名　　称：武汉佳禾木材有限公司 纳税人识别号：420102556784350 地址、电话：武汉市汉东路8号 027-82235658 开户行及账号：中国银行汉东路支行 35628524333	备注	武汉佳禾木材有限公司 420102556784350 发票专用章

收款人：　　复核：　　开票人：刘芳　　销货单位：（章）

第二联 发票联 购货方记账凭证

武汉鼎新家具有限公司

材 料 入 库 单

CLRK20130005

2013年1月18日

材料来源：武汉佳禾木材有限公司

材料名称	规　格	计量单位	购买数量	入库数量	备注
原木	4 000×200	根	1 000	1 000	

②记账

采购员：周林　　　　保管员：张强

4200020142

湖北省增值税专用发票

№35652401

发票联

开票日期：2013 年 01 月 25 日

购货单位		密码区	
名　　称：	武汉鼎新家具有限公司	1-4-+>2+50+86/0*44>0+1>41-2	加密版本：01
纳税人识别号：	420110862387652	6<-+436<337-70<*85+997+82/3	4200020142
地址、电话：	武汉市环湖路 1 号 027-84876642	87*704*/48*/32-2+3<9+064>34	35652401
开户行及账号：	中国工商银行长江支行 40586123768	80/5+7/+->34>2*-3-<35*822+2	

货物或应税劳务名称	规格型号	单 位	数 量	单 价	金　额	税率	税　额
油漆		桶	150	800.00	120 000.00	17%	20 400.00
合　计							
价税合计（大写）	⊗壹拾肆万零肆佰元整				（小写）￥140 400.00		

销货单位		备注
名　　称：	武汉七彩油漆有限公司	
纳税人识别号：	420105423156789	
地址、电话：	武汉市汉南路 18 号 027-84282658	
开户行及账号：	汉口银行汉南路支行 42128521111	

收款人：　　复核：　　开票人：王娟　　销货单位：（章）

武汉七彩油漆有限公司 420105423156789 发票专用章

第二联 发票联 购货方记账凭证

武汉鼎新家具有限公司

材料入库单

CLRK20130006

2013年1月25日

材料来源：武汉七彩油漆有限公司

材料名称	规　格	计量单位	购买数量	入库数量	备注
油漆		桶	150	150	

②记账

采购员：周林　　　　保管员：张强

2. 领料业务

武汉鼎新家具有限公司

领　料　单

LL20130001

2013年1月2日

领料部门：生产车间　　　　用途：生产桌椅

材料名称	规　格	计量单位	请领数量	实领数量	备注
木板	2 000×1 000×15	张	500	500	
原木	4 000×200	根	1 000	1 000	

②记账

领料人：李斌　　　　保管员：张强

武汉鼎新家具有限公司

领　料　单

LL20130002

2013年1月7日

领料部门：生产车间　　　　用途：生产桌椅

材料名称	规　格	计量单位	请领数量	实领数量	备注
油漆		桶	50	50	

②记账

领料人：李斌　　　　保管员：张强

武汉鼎新家具有限公司

领　料　单

LL20130003

2013年1月11日

领料部门：生产车间　　　　用途：生产桌椅

材料名称	规　格	计量单位	请领数量	实领数量	备注
木板	2 000×1 000×15	张	500	500	
原木	4 000×200	根	1 000	1 000	

②记账

领料人：李斌　　　　保管员：张强

武汉鼎新家具有限公司

领　料　单

LL20130004

2013年1月17日

领料部门：生产车间　　　　用途：生产桌椅

材料名称	规　格	计量单位	请领数量	实领数量	备注
油漆		桶	50	50	

②记账

领料人：李斌　　　　保管员：张强

武汉鼎新家具有限公司

领　料　单

LL20130005

2013年1月21日

领料部门：生产车间　　　　用途：生产桌椅

材料名称	规　格	计量单位	请领数量	实领数量	备注
木板	2 000×1 000×15	张	500	500	
原木	4 000×200	根	1 000	1 000	

②记账

领料人：李斌　　　　保管员：张强

武汉鼎新家具有限公司

领　料　单

LL20130006

2013年1月27日

领料部门：生产车间　　　　　　用途：生产桌椅

材料名称	规　格	计量单位	请领数量	实领数量	备注
油漆		桶	50	50	

②记账

领料人：李斌　　　　　　保管员：张强

3. 销售业务

4200123141　　　**湖北省增值税专用发票**　　　№01452356

此联不作报销、扣税凭证使用

开票日期：2013年01月05日

购货单位		密码区	
名　　称：	武昌家具商场有限公司	36+50+-4-+>4>0+86/0*41>41-2	加密版本：01
纳税人识别号：	420106748327150	9-70<*856<-++9216<3392/37+8	4200123141
地址、电话：	武汉市沿江路136号 027-87654321	52+3<9+004*/4867**/32-4>387	01452356
开户行及账号：	中国建设银行沿江路支行 62859666216	72/52>2++*-3-<35*827/+->305	

货物或应税劳务名称	规格型号	单位	数量	单价	金额	税率	税额
桌椅		组	200	800.00	160 000.00	17%	27 200.00
合　计							
价税合计（大写）	⊗壹拾捌万柒仟贰佰元整				（小写）¥187 200.00		

销货单位		备注
名　　称：	武汉鼎新家具有限公司	
纳税人识别号：	420110862387652	
地址、电话：	武汉市环湖路1号 027-84876642	
开户行及账号：	中国工商银行长江支行 40586123768	

收款人：　　　复核：　　　开票人：李晶　　　销货单位：（章）

第一联　记账联　销货方记账凭证

4200123141 **湖北省增值税专用发票** №01452357

此联不作报销、扣税凭证使用

开票日期: 2013 年 01 月 08 日

购货单位		密码区	
名　　称:	汉阳家具商场有限公司	6/0*41>41-212+50+-4-+>4>0+8	加密版本: 01
纳税人识别号:	420105748322250	92/37+87-70<*856<-++9436<33	4200123141
地址、电话:	武汉市知音路 18 号 027-84981234	862+3<9+004*/4*787*/32-4>32	01452357
开户行及账号:	中国建设银行知音路支行 42859673215	8->340/52>2++*-3-<35*827/+2	

货物或应税劳务名称	规格型号	单位	数量	单价	金额	税率	税额
桌椅		组	250	800.00	200 000.00	17%	34 000.00
合　计							
价税合计（大写）	⊗贰拾叁万肆仟元整				（小写）￥234 000.00		

销货单位		备注
名　　称:	武汉鼎新家具有限公司	
纳税人识别号:	420110862387652	
地址、电话:	武汉市环湖路 1 号 027-84876642	
开户行及账号:	中国工商银行长江支行 40586123768	

收款人:　　复核:　　开票人:　李晶　　销货单位:（章）

第一联 记账联 销货方记账凭证

4200123141 **湖北省增值税专用发票** №01452358

此联不作报销、扣税凭证使用

开票日期: 2013 年 01 月 08 日

购货单位		密码区	
名　　称:	汉口体育用品商场有限公司	12+50+1-2-4-+>4>0+86/0*41>4	加密版本: 01
纳税人识别号:	420103325384658	92/37-70<*856<-++9436<337+8	4200123141
地址、电话:	武汉市长江路 15 号 027-85863566	62+3<9+004*/4867*78*/32-4>3	01452358
开户行及账号:	中国农业银行长江路支行 17535235621	80/52>2++*-3-<35*827/+->342	

货物或应税劳务名称	规格型号	单位	数量	单价	金额	税率	税额
桌椅		组	300	800.00	240 000.00	17%	40 800.00
合　计							
价税合计（大写）	⊗贰拾捌万零捌佰元整				（小写）￥280 800.00		

销货单位		备注
名　　称:	武汉鼎新家具有限公司	
纳税人识别号:	420110862387652	
地址、电话:	武汉市环湖路 1 号 027-84876642	
开户行及账号:	中国工商银行长江支行 40586123768	

收款人:　　复核:　　开票人:　李晶　　销货单位:（章）

第一联 记账联 销货方记账凭证

4200123141 **湖北省增值税专用发票** №01452359

此联不作报销、扣税凭证使用

开票日期: 2013 年 01 月 18 日

购货单位	名　　称:	武昌家具商场有限公司			密码区	6/0*412+50+-4-+>4>0+81>41-2 7-70<*856<-36<33++9492/37+8 82+3<9+004*/4887**/32-4>367 80/52>2+5*8+*-3-<327/+->342	加密版本: 01 4200123141 01452359	
	纳税人识别号:	420106748327150						
	地址、电话:	武汉市沿江路 136 号 027-87654321						
	开户行及账号:	中国建设银行沿江路支行 62859666216						
货物或应税劳务名称		规格型号	单　位	数　量	单　价	金　　额	税率	税　　额
桌椅 合　计			组	200	800.00	160 000.00	17%	27 200.00
价税合计（大写）		⊗壹拾捌万柒仟贰佰元整				（小写）￥187 200.00		
销货单位	名　　称:	武汉鼎新家具有限公司			备注			
	纳税人识别号:	420110862387652						
	地址、电话:	武汉市环湖路 1 号 027-84876642						
	开户行及账号:	中国工商银行长江支行 40586123768						

收款人:　　　　复核:　　　　开票人:　李晶　　　　销货单位:（章）

第一联　记账联　销货方记账凭证

4200123141 **湖北省增值税专用发票** №01452360

此联不作报销、扣税凭证使用

开票日期: 2013 年 01 月 22 日

购货单位	名　　称:	汉阳家具商场有限公司			密码区	2+5+63-4-+>4>0+86/0*41>41-2 567-70<*8<-++94<3392/37+836 24*/48+3<9+787*3*/32-4>3006 80/52>2++27*-3-<35*8/+->342	加密版本: 01 4200123141 01452360	
	纳税人识别号:	420105748322250						
	地址、电话:	武汉市知音路 18 号 027-84981234						
	开户行及账号:	中国建设银行知音路支行 42859673215						
货物或应税劳务名称		规格型号	单　位	数　量	单　价	金　　额	税率	税　　额
桌椅 合　计			组	250	800.00	200 000.00	17%	34 000.00
价税合计（大写）		⊗贰拾叁万肆仟元整				（小写）￥234 000.00		
销货单位	名　　称:	武汉鼎新家具有限公司			备注			
	纳税人识别号:	420110862387652						
	地址、电话:	武汉市环湖路 1 号 027-84876642						
	开户行及账号:	中国工商银行长江支行 40586123768						

收款人:　　　　复核:　　　　开票人:　李晶　　　　销货单位:（章）

第一联　记账联　销货方记账凭证

4200123141 **湖北省增值税专用发票** №01452361

此联不作报销、扣税凭证使用

开票日期：2013 年 01 月 28 日

购货单位	名　　称：	汉口体育用品商场有限公司			密码区	0+787*-4-+>4>0+86/0*41>41-2 827/+7-70<*856<-++9392/37+8 12+52+3<9+004*/486*/32-4>36 80/52>2++436<3*-3-<35*->342	加密版本：01 4200123141 01452361	
	纳税人识别号：	420103325384658						
	地址、电话：	武汉市长江路 15 号 027-85863566						
	开户行及账号：	中国农业银行长江路支行 17535235621						
货物或应税劳务名称		规格型号	单位	数量	单价	金额	税率	税额
桌椅			组	300	800.00	240 000.00	17%	40 800.00
合　计								
价税合计（大写）		⊗贰拾捌万零捌佰元整			（小写）￥280 800.00			
销货单位	名　　称：	武汉鼎新家具有限公司			备注			
	纳税人识别号：	420110862387652						
	地址、电话：	武汉市环湖路 1 号 027-84876642						
	开户行及账号：	中国工商银行长江支行 40586123768						

收款人：　　复核：　　开票人：　李晶　　销货单位：（章）

第一联　记账联　销货方记账凭证

4. 收款业务

银行进账单（收账通知）

2013 年 1 月 9 日

出票人	全　　称	汉阳家具商场有限公司									
	开户银行	中国建设银行知音路支行									
	账　　号	42859673215									
金额	人民币	千	百	十	万	千	百	十	元	角	分
	（小写）		￥	4	0	0	0	0	0	0	0
收款人	全　　称	武汉鼎新家具有限公司									
	开户银行	中国工商银行长江支行									
	账　　号	40586123768									
票据种类		转账支票		票据张数		1					
票据号码		4	0	8	4	6	0	0	5		
备　　注											

（印章：中国工商银行武汉长江支行 2013.01.09 转讫）

复核　　记账

银行进账单(收账通知)

2013年1月11日

出票人	全　　称	汉口家具商场有限公司									
	开户银行	中国工商银行滨江路支行									
	账　　号	32898673325									
金额	人民币	千	百	十	万	千	百	十	元	角	分
	(小写)		¥	5	0	0	0	0	0	0	0
收款人	全　　称	武汉鼎新家具有限公司									
	开户银行	中国工商银行长江支行									
	账　　号	40586123768									
票据种类		转账支票	票据张数	1							
票据号码		5	0	8	5	6	0	1	5		
备　注											

中国工商银行武汉长江支行
2013.01.11
转讫

复核　　　　　　　　记账

银行进账单(收账通知)

2013年1月18日

出票人	全　　称	武昌家具商场有限公司									
	开户银行	中国建设银行沿江路支行									
	账　　号	62859666216									
金额	人民币	千	百	十	万	千	百	十	元	角	分
	(小写)		¥	1	8	0	0	0	0	0	0
收款人	全　　称	武汉鼎新家具有限公司									
	开户银行	中国工商银行长江支行									
	账　　号	40586123768									
票据种类		转账支票	票据张数	1							
票据号码		6	0	5	4	8	0	2	5		
备　注											

中国工商银行武汉长江支行
2013.01.18
转讫

复核　　　　　　　　记账

银行进账单(收账通知)

2013 年 1 月 22 日

<table>
<tr><td rowspan="3">出票人</td><td>全　　称</td><td colspan="10">汉阳家具商场有限公司</td></tr>
<tr><td>开户银行</td><td colspan="10">中国建设银行知音路支行</td></tr>
<tr><td>账　　号</td><td colspan="10">42859673215</td></tr>
<tr><td rowspan="2">金额</td><td>人民币</td><td>千</td><td>百</td><td>十</td><td>万</td><td>千</td><td>百</td><td>十</td><td>元</td><td>角</td><td>分</td></tr>
<tr><td>(小写)</td><td></td><td>¥</td><td>2</td><td>0</td><td>0</td><td>0</td><td>0</td><td>0</td><td>0</td><td>0</td></tr>
<tr><td rowspan="3">收款人</td><td>全　　称</td><td colspan="10">武汉鼎新家具有限公司</td></tr>
<tr><td>开户银行</td><td colspan="10">中国工商银行长江支行</td></tr>
<tr><td>账　　号</td><td colspan="10">40586123768</td></tr>
<tr><td colspan="2">票据种类</td><td colspan="4">转账支票</td><td colspan="4">票据张数</td><td colspan="2">1</td></tr>
<tr><td colspan="2">票据号码</td><td colspan="10">4 0 8 4 6 0 1 8</td></tr>
<tr><td colspan="2">备　　注</td><td colspan="10"></td></tr>
</table>

复核　　　　　　　　记账

中国工商银行武汉长江支行
2013.01.22
转讫

银行进账单(收账通知)

2013 年 1 月 28 日

<table>
<tr><td rowspan="3">出票人</td><td>全　　称</td><td colspan="10">汉口家具商场有限公司</td></tr>
<tr><td>开户银行</td><td colspan="10">中国工商银行滨江路支行</td></tr>
<tr><td>账　　号</td><td colspan="10">32898673325</td></tr>
<tr><td rowspan="2">金额</td><td>人民币</td><td>千</td><td>百</td><td>十</td><td>万</td><td>千</td><td>百</td><td>十</td><td>元</td><td>角</td><td>分</td></tr>
<tr><td>(小写)</td><td></td><td>¥</td><td>2</td><td>0</td><td>0</td><td>0</td><td>0</td><td>0</td><td>0</td><td>0</td></tr>
<tr><td rowspan="3">收款人</td><td>全　　称</td><td colspan="10">武汉鼎新家具有限公司</td></tr>
<tr><td>开户银行</td><td colspan="10">中国工商银行长江支行</td></tr>
<tr><td>账　　号</td><td colspan="10">40586123768</td></tr>
<tr><td colspan="2">票据种类</td><td colspan="4">转账支票</td><td colspan="4">票据张数</td><td colspan="2">1</td></tr>
<tr><td colspan="2">票据号码</td><td colspan="10">5 0 8 5 6 0 2 7</td></tr>
<tr><td colspan="2">备　　注</td><td colspan="10"></td></tr>
</table>

复核　　　　　　　　记账

中国工商银行武汉长江支行
2013.01.28
转讫

5. 付款业务

中国工商银行

转账支票存根

62267835

22415101

附加信息 ______________

____

____

签发日期　*2013*年*1*月*5*日

收款人：武汉七彩油漆公司
金　额：¥*200 000.00*
用　途：货款
备　注：　　　　周林

单位主管　　　　会计

中国工商银行

转账支票存根

62267835

22415103

附加信息 ______________

____

____

签发日期　*2013*年*1*月*16*日

收款人：武汉三江板材公司
金　额：¥*100 000.00*
用　途：货款
备　注：　　　　周林

单位主管　　　　会计

中国工商银行

转账支票存根

62267835

22415104

附加信息

签发日期 2013年1月18日

收款人：武汉佳禾木材公司
金　额：￥100 000.00
用　途：货款
备　注：　　　周林

单位主管　　会计

中国工商银行

转账支票存根

62267835

22415105

附加信息

签发日期 2013年1月25日

收款人：武汉七彩油漆公司
金　额：￥100 000.00
用　途：货款
备　注：　　　周林

单位主管　　会计

6. 费用报销业务

武汉鼎新家具有限公司

费 用 报 销 单

2013年1月5日

单位或部门	事　　由	金额（元）	单据张数
财务部	购记录本	10.00	1
报销金额（大写）	×万×千×佰壹拾零元零角零分	￥10.00	

审批：刘奋发　　　　报销人：李晶

湖北省国家税务局通用手工发票

发 票 联

发票代码142011223501
发票号码04936203

付款单位:武汉鼎新家具有限公司　　　　2013年1月5日

项　目　内　容	金额 百	十	元	角	分	备　注
记录本		1	0	0	0	
合计人民币（大写） 零佰壹拾零元零角零分		1	0	0	0	

第二联　发票联

收款单位名称:武汉新华文具商店　　开票人：李萍
收款单位税号:420110352363691

武汉鼎新家具有限公司

费 用 报 销 单

2013年1月14日

单位或部门	事　　由	金额（元）	单据张数
车间	修理设备	12 540.00	1
报销金额（大写）	壹万贰仟伍佰肆拾零元零角零分	￥12 540.00	

审批：刘奋发　　　　报销人：李斌

湖北省国家税务局通用机打发票(网络版)

发 票 联

发票代码 142011213002

发票号码 00419199

开票日期:2013 年 1 月 14 日　　行业分类:　　网络发票号:425736679564

购方单位: 武汉鼎新家具有限公司　　购货方识别号或证件号:

品名及规格	货物或劳务名称	单位	数量	单价	金额
	修理设备	次	1		12 540.00

武汉保利机械设备维修有限公司 420102351556638 发票专用章

金额(大写)壹万贰仟伍佰肆拾元整　　¥12 540.00

开票单位盖章　　收款人:　　开票人:王虹

第二联 发票联(购货单位付款凭证)(手开无效)

中国工商银行

转账支票存根

62267835

22415102

附加信息

签发日期　2013年1月14日

收款人:	武汉保利设备公司
金　额:	¥12 540.00
用　途:	修理费
备　注:	李斌

单位主管　　会计

武汉鼎新家具有限公司

费 用 报 销 单

2013年1月15日

单位或部门	事　　由	金额（元）	单据张数
办公室	购打印纸墨盒	300.00	1
报销金额（大写）	×万×仟叁佰零拾零元零角零分	¥300.00	

审批：刘春发　　　　报销人：张全

湖北省国家税务局通用手工发票

发　票　联

发票代码142011223501
发票号码04936213

付款单位:武汉鼎新家具有限公司　　　　2013年1月15日

项　目　内　容	金额 百	十	元	角	分	备　注
打印纸	1	0	0	0	0	
墨盒	2	0	0	0	0	
合计人民币（大写）　叁佰零拾零元零角零分	3	0	0	0	0	

第二联　发票联

收款单位名称:武汉新华文具商店　　　　开票人：李萍

收款单位税号:

（印章：武汉新华文具商店 420110352363691 发票专用章）

武汉鼎新家具有限公司

费 用 报 销 单

2013年1月25日

单位或部门	事　　由	金额（元）	单据张数
车间	购打印纸墨盒	240.00	1
报销金额（大写）	×万×仟贰佰肆拾零元零角零分	¥240.00	

审批：刘春发　　　　报销人：李斌

湖北省国家税务局通用手工发票

发　票　联

发票代码142011223501
发票号码04936224

付款单位:武汉鼎新家具有限公司　　　　2013年1月25日

项　目　内　容	金额					备　注
	百	十	元	角	分	
打印纸		4	0	0	0	
墨盒	2	0	0	0	0	
合计人民币（大写）　贰 佰 肆 拾 零 元 零 角 零 分	2	4	0	0	0	

第二联　发票联

收款单位名称:武汉新华文具商店　　　　开票人：李萍
收款单位税号:

武汉新华文具商店 420110352 发票专用章

---

7. 借支、报销业务

武汉鼎新家具有限公司

差 旅 费 报 销 单

2013年1月6日　　　　附单据 3 张

出差人	刘奋发	出差地	北京	出差事由	联系业务			同行人员	无	
起止时间		交通工具	票据张数	金额	人数	天数	补助标准	出差补助	其他费用	
1月2日	1月6日	高铁	2	1 041.00	1	5	50.00	250.00	住宿费	1 799.00
报销金额	人民币叁仟零玖拾元整　(¥3 090.00)				借支金额		3 000.00	退（补）金额		90.00

审批：吴剑　　　　报销人：刘奋发

195G004571　　　　武C售

武汉　　G86次　　北京西
WuHan　　——→　　BeiJingXi
2013年01月02日13：00开　　08车10 A
¥520.50元　　二等座
限乘当日当次车
刘奋发
4201021975****1777　　检票口B1
21077201951229　　G0C4574

298G004621　　　　　　　　　　　　　　京B售

北京西　　　　　　G79次　　　　　　**武汉**

BeiJingXi　　　　　——→　　　　　WuHan

2013年01月06日10：00开　　　　　**10车08 B**

¥520.50元　　　　　　　　　　　　**二等座**

限乘当日当次车

刘奋发

4201021975****1777　　检票口A2

31056201211682　　GOC4367

北京市服务业、娱乐业、文化体育业专用发票(壹万圆版)

北京市 地方税务局监制 发票联

发票代码 211001072490

发票号码 00382016

密码 ████████

07209402042987522581

税号:110102203565431

收款单位:北京太和酒店管理有限公司

付款单位（个人）: 刘奋发

项目	单价	数量	金额
住宿费	1 799.00	1.000	1 799.00

北京太和酒店管理有限公司 100106182517063 发票专用章

小写合计　¥1 799.00

大写合计　壹仟柒佰玖拾玖元整

一 发票联

机打号码 00382016　　　　收款员 徐枫

机器编号 010510104407　　　　开票日期 2013-01-06

税控码 0354 8449 2604 0712 5275　　　　开票单位(盖章有效)　税控机打发票手开无效

武汉鼎新家具有限公司

差 旅 费 报 销 单

2013年1月8日　　　　附单据 3 张

出差人	张大明	出差地	上海	出差事由	参加环保会议			同行人员	无	
起止时间		交通工具	票据张数	金额	人数	天数	补助标准	出差补助	其他费用	
1月2日	1月7日	高铁	2	856.00	1	6	50.00	300.00	住宿费	1 944.00
报销金额	人民币叁仟壹佰元整　（¥3 100.00）				借支金额		4 000.00	退（补）金额		900.00

审批：刘春发　　　　报销人：张大明

195G004715　　　　武C售

武汉　　G678次　　上海虹桥

WuHan　　——→　　ShangHaiHongQiao

2013年01月02日13：35开　　**05车03 A**

¥428.00元　　二等座

限乘当日当次车

张大明

4201021976****2356　　检票口A3

21070341951658　　G0C3586

325G002601　　　　沪B售

上海虹桥　　G676次　　武汉

ShangHaiHongQiao　　——→　　WuHan

2013年01月07日08：40开　　**10车12 B**

¥428.00元　　二等座

限乘当日当次车

张大明

4201021976****2356　　检票口05A

11052501218216　　G0C6025

上海市服务业统一发票

（印章：上海市 地方税务局监制）

发 票 联

发票代码 231011261038

发票号码 01686619

密 码

机器编号 017100040077 收银员 03

收款单位 上海市新大洲酒店

税务登记号 310109588671664

开票日期 2013/01/07

付款单位 武汉鼎新家具有限公司

项目	单价	数量	金额
房费			1 944.00

税控装置打印发票

手写无效

小写合计 ￥1944.00

大写合计 壹仟玖佰肆拾肆元整

税控码 3567 4167 8879 2392 2446

（印章：上海市新大洲酒店 310109588671664 发票专用章）

武汉鼎新家具有限公司

借 支 单

2013 年 1 月 19 日

借支人	赵伟	部门	销售部
借支金额	人民币贰仟元整		（￥2 000.00）
借支事由	到广州出差		

审批：刘奋发　　借款人：赵伟

武汉鼎新家具有限公司

差 旅 费 报 销 单

2013年1月24日　　　　附单据 3 张

出差人	赵伟	出差地	广州	出差事由	联系业务			同行人员	无	
起止时间		交通工具	票据张数	金额	人数	天数	补助标准	出差补助	其他费用	
1月21日	1月23日	高铁	2	927.00	1	4	50.00	150.00	住宿费	663.00
报销金额	人民币壹仟柒佰肆拾元整　（¥1 740.00）				借支金额		2 000.00	退（补）金额		260.00

审批：刘春发　　　　报销人：赵伟

195G004732　　武C售

武汉　G77次　广州南

WuHan　——→　GuangZhouNan

2013年01月21日09：00开　**06车12 A**

¥463.50元　二等座

限乘当日当次车

赵伟

4201051974****2437　检票口B6

21052341947653　G0C3346

325G002601　　广州南售

广州南　G74次　武汉

GuangZhouNan　——→　WuHan

2013年01月23日09：26开　**10车06 B**

¥463.50元　二等座

限乘当日当次车

赵伟

4201051974****2437　检票口A5

11024101214352　G0C3025

广东省地方税收通用发票（电子）

电子发票手写无效

广东省 地方税务局监制

发 票 联

发票代码 244011307026

开票日期 2013-01-23　　行业类别 旅店业　　发票号码 02018365

付款方名称：武汉鼎新家具有限公司

付款方识别号：

收款方名称：广州远大假日酒店

收款方识别号：44042523657681X

主管税务机关：广州白云区地方税务局第一税务所　　防伪码 1475362413783224022

开票项目说明	金额
房费	663.00

合计（大写）：人民币陆佰陆拾叁元整　　合计（小写）：￥663.00

附注：

广州远大假日酒店 44042523657681X 发票专用章

开票单位盖章：　　开票人：张丰

№ 1203002-32617132

发票联 付款方付款凭证

8. 其他业务

武汉鼎新家具有限公司

2013年01月工资存档表

序号	姓　名	基本工资	岗位工资	应发金额	扣社会保险	扣公积金	扣所得税	实发金额	签　名
1	吴　剑	1 000.00	2 500.00	3 500.00				3 500.00	吴　剑
2	刘奋发	1 000.00	2 500.00	3 500.00				3 500.00	刘奋发
3	张大明	1 000.00	2 000.00	3 000.00				3 000.00	张大明
4	赵　伟	1 000.00	2 000.00	3 000.00				3 000.00	赵　伟
5	周　林	1 000.00	1 500.00	2 500.00				2 500.00	周　林
……									
	合　计	80 000.00	120 000.00	200 000.00	0.00	0.00	0.00	200 000.00	

核准：刘奋发　　制表：　　2013年1月8日

中国工商银行

现金支票存根

62262458

21568501

附加信息 ______________

签发日期 2013年1月8日

收款人：	武汉鼎新家具公司
金　额：	¥200 000.00
用　途：	工资
备　注：	

单位主管　　　　会计

中国工商银行 Industrial and Commercial Bank of China　　现金管理收费凭证　　6691608

2013年1月5日

付款人户名	武汉鼎新家具有限公司				
付款人账号	40586123768				
业务种类	单位购买现金支票				
收费项目	收费基数	费率	交易量	交易金额	收费金额
现金支票工本费			25		5.00
现金支票手续费			25		15.00
金额（大写）	贰拾元整		（小写）¥20.00		

第二联 客户回[illegible]

中国工商银行 Industrial and Commercial Bank of China

现金管理收费凭证　　6691609

2013年1月5日

付款人户名	武汉鼎新家具有限公司					
付款人账号	40586123768					
业务种类	单位购买转账支票					
收费项目	收费基数	费率	交易量	交易金额		收费金额
转账支票工本费			25			15.00
转账支票手续费			25			15.00
金额（大写）	叁拾元整　　（小写）￥30.00					

第二联 客户回单

（印章：中国工商银行武汉长江支行 2013.01.05 转讫）

中国工商银行 Industrial and Commercial Bank of China

中国工商银行电子缴税付款凭证

转账日期：2013 年 01 月 11 日　　凭证字号：201301112569430

纳税人全称：武汉鼎新家具有限公司　　纳税人识别号：420110862387652

付款人全称：武汉鼎新家具有限公司　　征收机关：武汉市汉阳区国家税务局

付款人开户银行：中国工商银行长江支行　　收款国库：汉阳区金库 867018

付款人账号：40586123768　　缴款书交易流水号：2013011100444234

大写(合计)金额：壹拾捌万元整　　税票号码：SBBW52XB109D1ZDBK1

小写(合计)金额：￥180 000.00

税(费)种名称	所属期间	实缴金额
企业所得税	20121001-20121231	80 000.00
增值税	20121201-20121231	100 000.00

（印章：中国工商银行武汉长江支行 2013.01.11 转讫）

中国工商银行
Industrial and Commercial Bank of China

中国工商银行电子缴税付款凭证

转账日期：2013 年 01 月 11 日　　凭证字号：201301112569431

纳税人全称：武汉鼎新家具有限公司　　纳税人识别号：420110862387652

付款人全称：武汉鼎新家具有限公司　　征收机关：武汉市汉阳区地方税务局

付款人开户银行：中国工商银行长江支行　　收款国库：汉阳区金库 867018

付款人账号：40586123768　　缴款书交易流水号：2013011100444235

大写(合计)金额：壹万元整　　税票号码：SBBW52FG169D1ZUYR1

小写(合计)金额：￥10 000.00

税(费)种名称	所属期间	实缴金额
城市维护建设税	20121201-20121231	7 000.00
教育费附加	20121201-20121231	3 000.00

中国工商银行武汉长江支行
2013.01.11
转讫

中国工商银行
现金支票存根
62262458
21568502

附加信息 ______

签发日期　2013年1月20日

收款人：武汉鼎新家具公司
金　额：￥1 000.00
用　途：备用
备　注：

单位主管　　会计

中国电信股份有限公司武汉分公司特约委托收款专用发票

发票联

发票代码：242010940091

发票号码：06374158

付款方	全　称	武汉鼎新家具有限公司	收款方	全　称	中国电信股份有限公司武汉分公司
	账　号	40586123768		账　号	79301040003764
	开户银行	中国工商银行长江支行		开户银行	830178
托收金额	人民币（大写）：壹仟壹佰伍拾元整				¥ 1 1 5 0 0 0
款项性质	2013年1月电信业务费用		合同号码	10013874506	
业务号码	84876642				
套餐使用费500.00　市话费603.00 国内长途费47.00　合计1150.00			根据协议上列款项已由付款单位账户付出。 付款人开户银行盖章		
			委托日期：2013年01月25日		

武汉自来水有限公司特约委托收款专用发票

发票联

发票代码：142010940292

发票号码：66385156

付款方	全　称	武汉鼎新家具有限公司	收款方	全　称	武汉自来水有限公司
	账　号	40586123768		账　号	52101040257766
	开户银行	中国工商银行长江支行		开户银行	83017
托收金额	人民币（大写）：贰仟贰佰元整				¥ 2 2 0 0 0 0
款项性质	2013年1月水费		合同号码	10253874686	
上月止码 1052	本月止码 2152	用水量 1100	单价 2.00	金额 2200.00	根据协议上列款项已由付款单位账户付出 付款人开户银行盖章
					委托日期：2013年01月25日

武汉鼎新家具有限公司

水费用分配表

部门	车间	科室	销售部	合计
用水量(T)	900	150	50	1 100
水费(元)	1 800.00	300.00	100.00	2 200.00

制表人：张全　　　　2013年1月30日

武汉供电有限公司特约委托收款专用发票　　发票代码：142010941245

发票联　　发票号码：56275186

付款方	全　称	武汉鼎新家具有限公司	收款方	全　称	武汉供电有限公司
	账　号	40586123768		账　号	53621028257886
	开户银行	中国工商银行长江支行		开户银行	826578
托收金额	人民币（大写）：叁仟贰佰元整				¥320000（十 万 千 百 十 元 角 分）
款项性质	2013年1月电费		合同号码	212535696866	
上月止码 20460	本月止码 26860	用电量 6400	单价 0.50	金额 3200.00	根据协议上列款项已由付款单位账户付出。 付款人开户银行盖章 委托日期：2013年01月25日

（印章：武汉供电有限公司 发票专用章；中国工商银行武汉长江支行 2013.01.28 转讫）

武汉鼎新家具有限公司

电费用分配表

部门	车间	科室	销售部	合计
用电量(度)	4 960	1 200	240	6 400.00
电费(元)	2 480.00	600.00	120.00	3 200.00

制表人：张全　　　　2013年1月30日

---

9. 月末业务事项

武汉鼎新家具有限公司

工 资 分 配 表

人员类别	工资总额	生产成本	制造费用	管理费用	销售费用
生产工人	120 000.00	120 000.00			
车间管理人员	12 000.00		1 200.00		
公司管理人员	58 000.00			58 000.00	
销售人员	10 000.00				10 000.00
合　计	200 000.00	120 000.00	1 200.00	58 000.00	10 000.00

制表人：　　　　2013年1月31日

武汉鼎新家具有限公司

工会经费、职工教育经费计提表

人员类别	工资总额	工会经费	职工教育经费
生产工人	120 000.00	2 400.00	3 000.00
车间管理人员	12 000.00	240.00	300.00
公司管理人员	58 000.00	1 160.00	1 450.00
销售人员	10 000.00	200.00	250.00
合　计	200 000.00	4 000.00	5 000.00

制表人：　　　　　　　　　　2013年1月31日

武汉鼎新家具有限公司

固定资产折旧计提表

固定资产类别	原　值	月折旧率	折旧额
生产用固定资产	5 000 000.00	0.50%	25 000.00
管理用固定资产	1 500 000.00	0.50%	7 500.00
销售用固定资产	300 000.00	0.50%	1 500.00
合　　计	6 800 000.00		34 000.00

制表人：　　　　　　　　　　2013年1月31日

武汉鼎新家具有限公司

制造费用分配表

车　　间	制造费用额	分配对象	分配比例	分配金额
基本生产车间		桌椅	100%	

制表人：　　　　　　　　　　2013年1月31日

武汉鼎新家具有限公司

产品入库汇总表

2013年1月　　　　附入库单3张

产品名称	计量单位	入库数量	生产成本	备注
桌椅	组	1 500		

制表人：　　　　　　　　　　2013年1月31日

武汉鼎新家具有限公司

产 品 入 库 单

CPRK20130001

2013 年 1 月 10 日

材料名称	规　格	计量单位	交库数量	实收数量	备注
桌椅		组	500	500	

②记账

移交人：林雄　　　　保管员：张强

武汉鼎新家具有限公司

产 品 入 库 单

CPRK20130002

2013 年 1 月 20 日

材料名称	规　格	计量单位	交库数量	实收数量	备注
桌椅		组	500	500	

②记账

移交人：林雄　　　　保管员：张强

武汉鼎新家具有限公司

产 品 入 库 单

CPRK20130003

2013 年 1 月 30 日

材料名称	规　格	计量单位	交库数量	实收数量	备注
桌椅		组	500	500	

②记账

移交人：林雄　　　　保管员：张强

武汉鼎新家具有限公司

月末未完工产品报告单

2013年1月31日

产品名称	计量单位	未完工产品数量	约当产量	生产成本
桌椅	组	0	0	0

复核：王福生　　　　制表：李斌

武汉鼎新家具有限公司

产 品 出 库 单

CK20130001

2013 年 1 月 5 日

发往单位：武昌家具商场有限公司

材料名称	规 格	计量单位	出库数量	出库金额	备注
桌椅		组	200		

②记账

提货人：李龙　　保管员：张强

武汉鼎新家具有限公司

产 品 出 库 单

CK20130002

2013 年 1 月 8 日

发往单位：汉阳家具商场有限公司

材料名称	规 格	计量单位	出库数量	出库金额	备注
桌椅		组	250		

②记账

提货人：王虎　　保管员：张强

武汉鼎新家具有限公司

产 品 出 库 单

CK20130003

2013 年 1 月 12 日

发往单位：汉口家具商场有限公司

材料名称	规 格	计量单位	出库数量	出库金额	备注
桌椅		组	300		

②记账

提货人：钱彪　　保管员：张强

武汉鼎新家具有限公司

产 品 出 库 单

CK20130004

2013 年 1 月 18 日

发往单位：武昌家具商场有限公司

材料名称	规　格	计量单位	出库数量	出库金额	备注
桌椅		组	200		

②记账

提货人：李龙　　　　保管员：张强

武汉鼎新家具有限公司

产 品 出 库 单

CK20130005

2013 年 1 月 22 日

发往单位：汉阳家具商场有限公司

材料名称	规　格	计量单位	出库数量	出库金额	备注
桌椅		组	250		

②记账

提货人：王虎　　　　保管员：张强

武汉鼎新家具有限公司

产 品 出 库 单

CK20130006

2013 年 1 月 28 日

发往单位：汉口家具商场有限公司

材料名称	规　格	计量单位	出库数量	出库金额	备注
桌椅		组	300		

②记账

提货人：钱彪　　　　保管员：张强

武汉鼎新家具有限公司

营业税金及附加计提表

税费名称	计税（费）依据	计税（费）金额	税（费）率	税（费）额
城市维护建设税	增值税额		7%	
教育费附加	增值税额		3%	
合　　计				

制表人：　　　　　　　　　　　　　　　　2013年1月31日

（结转本月损益）

（二）2013年2月

1. 购货业务

4200123141　　　　**湖北省增值税专用发票**　　　　№34501356

发票联　　　　开票日期 :2013 年 02 月 03 日

购货单位	名　　称：武汉鼎新家具有限公司 纳税人识别号：420110862387652 地 址、电 话：武汉市环湖路 1 号 027-84876642 开户行及账号：中国工商银行长江支行 40586123768	密码区	780+-4-+>4>0+86/0*41>7*12+5 9+70<*856<-39+41-2+942/37+8 36<32+3<9+3886*/32-4>324*/4 2>2++80/5*-3-<35*827/+->342	加密版本：01 4200123141 34501356

货物或应税劳务名称	规格型号	单 位	数 量	单 价	金 额	税率	税 额
木板	2 000×1 000×15	张	500	200. 00	100 000. 00	17%	17 000. 00
合 计							
价税合计（大写）	⊗壹拾壹万柒仟元整				（小写）¥117 000.00		

销货单位	名　　称：武汉三江板材有限公司 纳税人识别号：420104865645612 地 址、电 话：武汉市汉西路 1 号 027-83231256 开户行及账号：中国农业银行汉西路支行 17028524321	备注	武汉三江板材有限公司 420104865645612 发票专用章

收款人：　　　　复核：　　　　开票人：　张玲　　　　销货单位：（章）

第二联 发票联 购货方记账凭证

武汉鼎新家具有限公司

材 料 入 库 单

CLRK20130007

2013年2月3日

材料来源：武汉三江板材有限公司

材料名称	规　格	计量单位	购买数量	入库数量	备注
木板	2 000×1 000×15	张	500	500	

②记账

采购员：周林　　　　保管员：张强

4200023141

湖北省增值税专用发票

№52345016

发票联

开票日期：2013 年 02 月 04 日

购货单位	名称：武汉鼎新家具有限公司 纳税人识别号：420110862387652 地址、电话：武汉市环湖路 1 号 027-84876642 开户行及账号：中国工商银行长江支行 40586123768	密码区	5*8+80/551>41-280+-4-+>4>0+ 16/0*42+3+9437+87-70<*856<- +92/36<304*/486+787**/32-4> 32+3<9+027>22+/+->342*-3-<3	加密版本：01 4200023141 52345016

货物或应税劳务名称	规格型号	单位	数量	单价	金额	税率	税额
原木	4 000×200	根	1000	100.00	100 000.00	17%	17 000.00
合　计							
价税合计（大写）	⊗壹拾壹万柒仟元整				（小写）¥117 000.00		

销货单位	名称：武汉佳禾木材有限公司 纳税人识别号：420102556784350 地址、电话：武汉市汉东路 8 号 027-82235658 开户行及账号：中国银行汉东路支行 35628524333	备注	武汉佳禾木材有限公司 420102556784350 发票专用章

收款人：　　复核：　　开票人：刘芳　　销货单位：（章）

第二联 发票联 购货方记账凭证

武汉鼎新家具有限公司

材 料 入 库 单

CLRK20130008

2013年2月4日

材料来源：武汉佳禾木材有限公司

材料名称	规　格	计量单位	购买数量	入库数量	备注
原木	4 000×200	根	1 000	1 000	

②记账

采购员：周林　　　　保管员：张强

4200020142

湖北省增值税专用发票

湖北 国家税务总局监制

发 票 联

№35645201

开票日期：2013 年 02 月 05 日

购货单位			密码区		
	名　称：	武汉鼎新家具有限公司		2+50+86/0*41-4-+>4>0+1>41-2	加密版本：01
	纳税人识别号：	420110862387652		6<-+436<337-70<*85+992/37+8	420002014
	地址、电话：	武汉市环湖路 1 号 027-84876642		704*/4887**/32-2+3<9+064>34	2
	开户行及账号：	中国工商银行长江支行 40586123768		80/5+7/+->342+2>2*-3-<35*82	35645201

货物或应税劳务名称	规格型号	单位	数量	单价	金额	税率	税额
油漆		桶	150	800.00	120 000.00	17%	20 400.00
合　计							
价税合计（大写）	⊗壹拾肆万零肆佰元整				（小写）￥140 400.00		

销货单位			备注
	名　称：	武汉七彩油漆有限公司	武汉七彩油漆有限公司 420105423156789 发票专用章
	纳税人识别号：	420105423156789	
	地址、电话：	武汉市汉南路 18 号 027-84282658	
	开户行及账号：	汉口银行汉南路支行 42128521111	

收款人：　　复核：　　开票人：王娟　　销货单位：（章）

第二联 发票联 购货方记账凭证

武汉鼎新家具有限公司

材 料 入 库 单

CLRK20130009

2013年2月5日

材料来源：武汉七彩油漆有限公司

材料名称	规　格	计量单位	购买数量	入库数量	备注
油漆		桶	150	150	

②记账

采购员：周林　　　　保管员：张强

4200123141　　**湖北省增值税专用发票**　　№**64535012**

发票联

开票日期：2013年02月14日

<table>
<tr><td rowspan="4">购货单位</td><td>名　　称：</td><td colspan="3">武汉鼎新家具有限公司</td><td rowspan="4">密码区</td><td colspan="2" rowspan="4">56<780+-4-+>4>0+86/0*41>7*1
2+59+70<*8-39+41-2+942/37+8
36<32+3<9+38/32-4>386*24*/4
2>2++80/5*-3-<35*827/+->342</td><td rowspan="4">加密版本：01
4200123141
64535012</td></tr>
<tr><td>纳税人识别号：</td><td colspan="3">420110862387652</td></tr>
<tr><td>地址、电话：</td><td colspan="3">武汉市环湖路1号 027-84876642</td></tr>
<tr><td>开户行及账号：</td><td colspan="3">中国工商银行长江支行 40586123768</td></tr>
<tr><td colspan="2">货物或应税劳务名称</td><td>规格型号</td><td>单位</td><td>数量</td><td>单价</td><td>金额</td><td>税率</td><td>税额</td></tr>
<tr><td colspan="2">木板</td><td>2000×1000×15</td><td>张</td><td>500</td><td>200.00</td><td>100 000.00</td><td>17%</td><td>17 000.00</td></tr>
<tr><td colspan="2">合　计</td><td></td><td></td><td></td><td></td><td></td><td></td><td></td></tr>
<tr><td colspan="2">价税合计（大写）</td><td colspan="4">⊗壹拾壹万柒仟元整</td><td colspan="3">（小写）￥117 000.00</td></tr>
<tr><td rowspan="4">销货单位</td><td>名　　称：</td><td colspan="3">武汉三江板材有限公司</td><td rowspan="4">备注</td><td colspan="3" rowspan="4">武汉三江板材有限公司
4201048656456
发票专用章</td></tr>
<tr><td>纳税人识别号：</td><td colspan="3">420104865645612</td></tr>
<tr><td>地址、电话：</td><td colspan="3">武汉市汉西路1号 027-83231256</td></tr>
<tr><td>开户行及账号：</td><td colspan="3">中国农业银行汉西路支行 17028524321</td></tr>
</table>

第二联　发票联　购货方记账凭证

收款人：　　复核：　　开票人：张玲　　销货单位：（章）

武汉鼎新家具有限公司

材 料 入 库 单

CLRK20130010

2013年2月14日

材料来源：武汉三江板材有限公司

材料名称	规　格	计量单位	购买数量	入库数量	备注
木板	2 000×1 000×15	张	500	500	

②记账

采购员：周林　　　　保管员：张强

4200023141　　**湖北省增值税专用发票**　　№65042135

发票联

开票日期：2013年02月18日

购货单位	名称：武汉鼎新家具有限公司 纳税人识别号：420110862387652 地址、电话：武汉市环湖路1号027-84876642 开户行及账号：中国工商银行长江支行40586123768	密码区	57-70<1>41-280+-4-+>4>0+16/ 0*42+3+9437+8*856<-+92/36<3 04*/486+7*87*/32-4>32+3<9+0 27>22+/+->342*-3-<35+80/5*8	加密版本：01 4200023141 65042135

货物或应税劳务名称	规格型号	单位	数量	单价	金额	税率	税额
原木	4000×200	根	1000	100.00	100 000.00	17%	17 000.00
合计							
价税合计（大写）	⊗壹拾壹万柒仟元整				（小写）￥117 000.00		

销货单位	名称：武汉佳禾木材有限公司 纳税人识别号：420102556784350 地址、电话：武汉市汉东路8号027-82235658 开户行及账号：中国银行汉东路支行35628524333	备注	（印章：武汉佳禾木材有限公司 420102556784350 发票专用章）

收款人：　　复核：　　开票人：刘芳　　销货单位：（章）

第二联　发票联　购货方记账凭证

武汉鼎新家具有限公司

材 料 入 库 单

CLRK20130011

2013年2月18日

材料来源：武汉佳禾木材有限公司

材料名称	规　格	计量单位	购买数量	入库数量	备注
原木	4 000×200	根	1 000	1 000	

②记账

采购员：周林　　　　保管员：张强

4200020142

湖北省增值税专用发票

No86450152

发票联

开票日期：2013 年 02 月 22 日

购货单位	名称：武汉鼎新家具有限公司 纳税人识别号：420110862387652 地址、电话：武汉市环湖路 1 号 027-84876642 开户行及账号：中国工商银行长江支行 40586123768	密码区	97+81-4-+>2+50+86/0*44>0+1> 41-26<-+436<337-70<*85+92/3 4>387*704*/48*/32-2+3<9+064 80/5+7/+->34>2*-3-<35*822+2	加密版本：01 4200020142 86450152

货物或应税劳务名称	规格型号	单位	数量	单价	金额	税率	税额
油漆		桶	150	800.00	120 000.00	17%	20 400.00
合　计							
价税合计（大写）	⊗壹拾肆万零肆佰元整				（小写）¥140 400.00		

销货单位	名称：武汉七彩油漆有限公司 纳税人识别号：420105423156789 地址、电话：武汉市汉南路 18 号 027-84282658 开户行及账号：汉口银行汉南路支行 42128521111	备注	武汉七彩油漆有限公司 420105423156789 发票专用章

收款人：　　复核：　　开票人：王娟　　销货单位：（章）

第二联 发票联 购货方记账凭证

武汉鼎新家具有限公司

材 料 入 库 单

CLRK20130012

2013年2月22日

材料来源：武汉七彩油漆有限公司

材料名称	规　格	计量单位	购买数量	入库数量	备注
油漆		桶	150	150	

②记账

采购员：周林　　　　保管员：张强

---

2. 领料业务

武汉鼎新家具有限公司

领　料　单

LL20130007

2013年2月1日

领料部门：生产车间　　　　用途：生产桌椅

材料名称	规　格	计量单位	请领数量	实领数量	备注
木板	2 000×1 000×15	张	500	500	
原木	4 000×200	根	1 000	1 000	

②记账

领料人：李斌　　　　保管员：张强

武汉鼎新家具有限公司

领　料　单

LL20130008

2013年2月6日

领料部门：生产车间　　　　用途：生产桌椅

材料名称	规　格	计量单位	请领数量	实领数量	备注
油漆		桶	50	50	

②记账

领料人：李斌　　　　保管员：张强

武汉鼎新家具有限公司

领　料　单

LL20130009

2013年2月10日

领料部门：生产车间　　　　用途：生产桌椅

材料名称	规　格	计量单位	请领数量	实领数量	备注
木板	2 000×1 000×15	张	500	500	
原木	4 000×200	根	1 000	1 000	

②记账

领料人：李斌　　　　保管员：张强

武汉鼎新家具有限公司

领　料　单

LL20130010

2013年2月16日

领料部门：生产车间　　　　用途：生产桌椅

材料名称	规　格	计量单位	请领数量	实领数量	备注
油漆		桶	50	50	

②记账

领料人：李斌　　　　保管员：张强

武汉鼎新家具有限公司

领　料　单

LL20130011

2013年2月19日

领料部门：生产车间　　　　用途：生产桌椅

材料名称	规　格	计量单位	请领数量	实领数量	备注
木板	2 000×1 000×15	张	500	500	
原木	4 000×200	根	1 000	1 000	

②记账

领料人：李斌　　　　保管员：张强

武汉鼎新家具有限公司

领 料 单　　LL20130012

2013年2月25日

领料部门：生产车间　　　　用途：生产桌椅

材料名称	规　格	计量单位	请领数量	实领数量	备注
油漆		桶	50	50	

②记账

领料人：李斌　　　　保管员：张强

3. 销售业务

4200123141　　**湖北省增值税专用发票**　　№**01452362**

此联不作报销、扣税凭证使用

开票日期：2013 年 02 月 05 日

<table>
<tr><td rowspan="4">购货单位</td><td>名　　称：</td><td colspan="3">武昌家具商场有限公司</td><td rowspan="4">密码区</td><td colspan="2" rowspan="4">3+9216<33-+>4>0+86/0*4>41-2
16+50+-49-70<*856<-+92/37+8
52+3<9+004*/47*27*/32-4>387
72/52>2++86*-3-<35*8/+->305</td><td rowspan="4">加密版本：01
4200123141
01452362</td></tr>
<tr><td>纳税人识别号：</td><td colspan="3">420106748327150</td></tr>
<tr><td>地址、电话：</td><td colspan="3">武汉市沿江路 136 号 027-87654321</td></tr>
<tr><td>开户行及账号：</td><td colspan="3">中国建设银行沿江路支行 62859666216</td></tr>
<tr><td colspan="2">货物或应税劳务名称</td><td>规格型号</td><td>单 位</td><td>数 量</td><td>单 价</td><td>金　额</td><td>税率</td><td>税　额</td></tr>
<tr><td colspan="2">桌椅
合　计</td><td></td><td>组</td><td>200</td><td>800.00</td><td>160 000.00</td><td>17%</td><td>27 200.00</td></tr>
<tr><td colspan="2">价税合计（大写）</td><td colspan="5">⊗壹拾捌万柒仟贰佰元整</td><td colspan="2">（小写）￥187 200.00</td></tr>
<tr><td rowspan="4">销货单位</td><td>名　　称：</td><td colspan="3">武汉鼎新家俱有限公司</td><td rowspan="4">备注</td><td colspan="3" rowspan="4"></td></tr>
<tr><td>纳税人识别号：</td><td colspan="3">420110862387652</td></tr>
<tr><td>地址、电话：</td><td colspan="3">武汉市环湖路 1 号 027-84876642</td></tr>
<tr><td>开户行及账号：</td><td colspan="3">中国工商银行长江支行 40586123768</td></tr>
</table>

第一联　记账联　销货方记账凭证

收款人：　　　复核：　　　开票人：　李晶　　　销货单位：（章）

湖北省增值税专用发票

4200123141　　　　No01452363

此联不作报销、扣税凭证使用

开票日期：2013 年 02 月 10 日

购货单位	名　　称：	汉阳家具商场有限公司	密码区	6/0*41>41-204*/12+50+-4-+>4	加密版本：01
	纳税人识别号：	420105748322250		97+87-70<*856<-++9436<332/3	4200123141
	地址、电话：	武汉市知音路 18 号 027-84981234		>0+8862+3<9+04*787*/32-4>32	01452363
	开户行及账号：	中国建设银行知音路支行 42859673215		27/+8->340/52>2++*-3-<35*82	

货物或应税劳务名称	规格型号	单位	数量	单价	金额	税率	税额
桌椅		组	250	800.00	200 000.00	17%	34 000.00
合　计							
价税合计（大写）	⊗贰拾叁万肆仟元整				（小写）¥234 000.00		

销货单位	名　　称：	武汉鼎新家俱有限公司	备注	
	纳税人识别号：	420110862387652		
	地址、电话：	武汉市环湖路 1 号 027-84876642		
	开户行及账号：	中国工商银行长江支行 40586123768		

收款人：　　　　复核：　　　　开票人：　李晶　　　　销货单位：（章）

第一联 记账联 销货方记账凭证

湖北省增值税专用发票

4200123141　　　　No01452364

此联不作报销、扣税凭证使用

开票日期：2013 年 02 月 15 日

购货单位	名　　称：	汉口体育用品商场有限公司	密码区	2-4>312+50+1-2-4-+>4>0+86/0	加密版本：01
	纳税人识别号：	420103325384658		92/37-70<*856<-++9436<337+8	4200123141
	地址、电话：	武汉市长江路 15 号 027-85863566		62+3<9+67004*/48*78*/3*41>4	01452364
	开户行及账号：	中国农业银行长江路支行 17535235621		80/52>2++*-3-<35*827/+->342	

货物或应税劳务名称	规格型号	单位	数量	单价	金额	税率	税额
桌椅		组	300	800.00	240 000.00	17%	40 800.00
合　计							
价税合计（大写）	⊗贰拾捌万零捌佰元整				（小写）¥280 800.00		

销货单位	名　　称：	武汉鼎新家俱有限公司	备注	
	纳税人识别号：	420110862387652		
	地址、电话：	武汉市环湖路 1 号 027-84876642		
	开户行及账号：	中国工商银行长江支行 40586123768		

收款人：　　　　复核：　　　　开票人：　李晶　　　　销货单位：（章）

第一联 记账联 销货方记账凭证

4. 收款业务

银行进账单（收账通知）

2013年2月5日

<table>
<tr><td rowspan="3">出票人</td><td>全　　称</td><td colspan="10">武昌家具商场有限公司</td></tr>
<tr><td>开户银行</td><td colspan="10">中国建设银行沿江路支行</td></tr>
<tr><td>账　　号</td><td colspan="10">62859666216</td></tr>
<tr><td rowspan="2">金额</td><td rowspan="2">人民币
（小写）</td><td>千</td><td>百</td><td>十</td><td>万</td><td>千</td><td>百</td><td>十</td><td>元</td><td>角</td><td>分</td></tr>
<tr><td></td><td>¥</td><td>2</td><td>0</td><td>0</td><td>0</td><td>0</td><td>0</td><td>0</td><td>0</td></tr>
<tr><td rowspan="3">收款人</td><td>全　　称</td><td colspan="10">武汉鼎新家具有限公司</td></tr>
<tr><td>开户银行</td><td colspan="10">中国工商银行长江支行</td></tr>
<tr><td>账　　号</td><td colspan="10">40586123768</td></tr>
<tr><td colspan="2">票据种类</td><td colspan="3">转账支票</td><td colspan="3">票据张数</td><td colspan="4">1</td></tr>
<tr><td colspan="2">票据号码</td><td colspan="10">6 0 5 4 9 5 7 6</td></tr>
<tr><td colspan="2">备　　注</td><td colspan="10"></td></tr>
</table>

中国工商银行武汉长江支行 2013.02.05 转讫

复核　　　　　　记账

银行进账单（收账通知）

2013年2月10日

<table>
<tr><td rowspan="3">出票人</td><td>全　　称</td><td colspan="10">汉阳家具商场有限公司</td></tr>
<tr><td>开户银行</td><td colspan="10">中国建设银行知音路支行</td></tr>
<tr><td>账　　号</td><td colspan="10">42859673215</td></tr>
<tr><td rowspan="2">金额</td><td rowspan="2">人民币
（小写）</td><td>千</td><td>百</td><td>十</td><td>万</td><td>千</td><td>百</td><td>十</td><td>元</td><td>角</td><td>分</td></tr>
<tr><td></td><td>¥</td><td>2</td><td>0</td><td>0</td><td>0</td><td>0</td><td>0</td><td>0</td><td>0</td></tr>
<tr><td rowspan="3">收款人</td><td>全　　称</td><td colspan="10">武汉鼎新家具有限公司</td></tr>
<tr><td>开户银行</td><td colspan="10">中国工商银行长江支行</td></tr>
<tr><td>账　　号</td><td colspan="10">40586123768</td></tr>
<tr><td colspan="2">票据种类</td><td colspan="3">转账支票</td><td colspan="3">票据张数</td><td colspan="4">1</td></tr>
<tr><td colspan="2">票据号码</td><td colspan="10">4 0 8 4 7 0 1 2</td></tr>
<tr><td colspan="2">◎备　　注</td><td colspan="10"></td></tr>
</table>

中国工商银行武汉长江支行 2013.02.10 转讫

复核　　　　　　记账

银行进账单(收账通知)

2013年2月15日

出票人	全　　称	汉口家具商场有限公司
	开户银行	中国工商银行长江路支行
	账　　号	32898673325
金额	人民币（小写）	千 百 十 万 千 百 十 元 角 分 ¥ 2 5 0 0 0 0 0 0
收款人	全　　称	武汉鼎新家具有限公司
	开户银行	中国工商银行长江支行
	账　　号	40586123768
票据种类		转账支票　票据张数　1
票据号码		5 0 8 5 8 1 1 8
备　　注		

中国工商银行武汉长江支行 2013.02.15 转讫

复核　　　　　　　记账

5. 付款业务

中国工商银行

转账支票存根

62267835

22415106

附加信息 ______________

____

____

签发日期　2013年2月3日

收款人：	武汉三江板材公司
金　额：	¥100 000.00
用　途：	货款
备　注：	周林

单位主管　　　　会计

中国工商银行

转账支票存根

62267835

22415107

附加信息

签发日期 *2013年2月4日*

收款人：	武汉佳禾木材公司
金　额：	*￥100 000.00*
用　途：	货款
备　注：	周林

单位主管　　　会计

中国工商银行

转账支票存根

62267835

22415108

附加信息

签发日期 *2013年2月5日*

收款人：	武汉七彩油漆公司
金　额：	*￥100 000.00*
用　途：	货款
备　注：	周林

单位主管　　　会计

中国工商银行
转账支票存根
62267835
22415109

附加信息 ______________

签发日期 2013年2月14日

收款人：武汉三江板材公司
金　额：￥100 000.00
用　途：货款
备　注：　　　周林

单位主管　　　会计

中国工商银行
转账支票存根
62267835
22415110

附加信息 ______________

签发日期 2013年2月18日

收款人：武汉佳禾木材公司
金　额：￥100 000.00
用　途：货款
备　注：　　　周林

单位主管　　　会计

中国工商银行

转账支票存根

62267835

22415111

附加信息 ______________

____

____

签发日期 *2013*年*2*月*18*日

收款人：武汉天龙五金商店
金　额：*￥280.00*
用　途：货款
备　注：　　李斌

单位主管　　　会计

中国工商银行

转账支票存根

62267835

22415112

附加信息 ______________

____

____

签发日期 *2013*年*2*月*22*日

收款人：武汉七彩油漆公司
金　额：*￥100 000.00*
用　途：货款
备　注：　　周林

单位主管　　　会计

6. 费用报销业务

武汉鼎新家具有限公司

费用报销单

2013年2月18日

单位或部门	事　　由	金额（元）	单据张数
车间	购喷枪	280.00	1
报销金额（大写）	×万×仟贰佰捌拾零元零角零分	￥280.00	

审批：刘春发　　　　报销人：李斌

湖北省国家税务局通用手工发票

发票联

发票代码142011223211
发票号码23566428

付款单位:武汉鼎新家具有限公司　　　　2013年2月18日

项目内容	金额 百	十	元	角	分	备注
喷枪	2	8	0	0	0	
合计人民币（大写） 贰佰捌拾零元零角零分	2	8	0	0	0	

第二联　发票联

收款单位名称:武汉天龙五金工具商店　　　　开票人：文静

收款单位税号:

武汉鼎新家具有限公司

费用报销单

2013年2月25日

单位或部门	事　　由	金额（元）	单据张数
行政办公室	购打印纸墨盒	500.00	1
报销金额（大写）	×万×仟伍佰零拾零元零角零分	￥500.00	

审批：刘春发　　　　报销人：张全

湖北省国家税务局通用手工发票

发 票 联

发票代码142011223501
发票号码04828321

付款单位:武汉鼎新家具有限公司　　2013年2月25日

项目内容	金额 百	十	元	角	分	备注
打印纸	1	0	0	0	0	
墨盒	4	0	0	0	0	
合计人民币（大写）伍佰零拾零元零角零分	5	0	0	0	0	

第二联 发票联

（印章：湖北省国家税务局监制；武汉新华文具商店 420110352363691 发票专用章）

收款单位名称:武汉新华文具商店　　开票人：李萍

收款单位税号:

武汉鼎新家具有限公司

费 用 报 销 单

2013年2月26日

单位或部门	事由	金额（元）	单据张数
车间	修理设备	12 540	1
报销金额（大写）	壹万贰仟伍佰肆拾零元零角零分	￥12 540.00	

审批：刘奋发　　报销人：李斌

湖北省国家税务局通用机打发票(网络版)

发票联

发票代码 142011213002

发票号码 01990419

开票日期:2013 年 2 月 26 日　　行业分类:　　网络发票号:425739564667

购方单位: 武汉鼎新家具有限公司　　购货方识别号或证件号:

品名及规格	货物或劳务名称	单位	数量	单价	金额
	修理设备	次	1		12 540.00
金额(大写)壹万贰仟伍佰肆拾元整				¥12 540.00	
开票单位盖章	收款人:		开票人:王虹		

武汉保利机械设备维修有限公司 420102351556638 发票专用章

第二联 发票联(购货单位付款凭证)(手开无效)

中国工商银行

转账支票存根

62267835

22415113

附加信息

签发日期　2013年2月26日

收款人: 武汉保利设备公司
金　额: ¥12 540.00
用　途: 修理费
备　注:　李斌

单位主管　　会计

武汉鼎新家具有限公司

费 用 报 销 单

2013年2月27日

单位或部门	事　　由	金额（元）	单据张数
车间	购打印纸墨盒	140.00	1
报销金额（大写）	×万×仟壹佰肆拾零元零角零分	￥140.00	

审批：刘奋发　　　　报销人：李斌

湖北省国家税务局通用手工发票

发　票　联

湖北省

发票代码142011223501
发票号码04828329

付款单位:武汉鼎新家具有限公司　　2013年2月27日

项　目　内　容	金额 百	十	元	角	分	备　注
打印纸		4	0	0	0	
墨盒	1	0	0	0	0	
合计人民币（大写）　壹佰肆拾零元零角零分	1	4	0	0	0	

第二联 发票联

武汉新华文具商店 420110352363691 发票专用章

收款单位名称:武汉新华文具商店　　开票人：李萍

收款单位税号:

7. **借支、报销业务**

武汉鼎新家具有限公司

借　支　单

2013 年 2 月 20 日

借支人	赵伟	部门	销售部
借支金额	人民币贰仟元整		（¥2 000.00）
借支事由	到上海出差		

审批：刘奋发　　　　借款人：赵伟

中国工商银行

现金支票存根

62262458

21568504

附加信息 ____________

____

____

签发日期 *2013年2月20日*

收款人：赵伟
金　额：¥2 000.00
用　途：差旅费
备　注：

单位主管　　　会计

武汉鼎新家具有限公司

差 旅 费 报 销 单

2013年2月25日　　　　附单据 3 张

出差人	赵伟	出差地	上海	出差事由	联系业务			同行人员	无	
起止时间		交通工具	票据张数	金额	人数	天数	补助标准	出差补助	其他费用	
2月21日	2月24日	火车	2	690.00	1	4	50.00	200.00	住宿费	710.00
报销金额	人民币壹仟柒佰肆拾元整　（¥1 600.00）				借支金额		2 000.00	~~退~~（补）金额		400.00

审批：刘春发　　　　报销人：赵伟

195G004715　　　　　　　　　　　　　　武B售

汉口　　　　　　D3054次　　　　　　**上海虹桥**

HanKou　　　　　　———→　　　　　ShangHaiHongQiao

2013年02月21日09：20开　　　　　**3车09 A**

￥345.00元　　　　　　　　　　　　　**二等座**

限乘当日当次车

赵伟

4201051974****2437　　检票口03

21081343261661　　GOC3542

325G002601　　　　　　　　　　　　　　沪B售

上海虹桥　　　　　　D3090次　　　　　　**汉口**

ShangHaiHongQiao　　———→　　　　　HanKou

2013年02月24日10：15开　　　　　**10车05 B**

￥345.00元　　　　　　　　　　　　　**二等座**

限乘当日当次车

赵伟

4201051974****2437　　检票口08A

11063201215476　　GOC2026

上海市服务业统一发票

发票联

发票代码 231011261038

发票号码 08661916

密　码

机器编号 017100040077　　收银员 03

收款单位 上海市新大洲酒店

税务登记号 310109588671664

开票日期 2013/02/24

付款单位 武汉鼎新家具有限公司

项目	单价	数量	金额
房费			710.00

小写合计 ￥710.00

大写合计 柒佰壹拾元整

税控码 1467 4177 5079 2352 2401

税控装置打印发票　手写无效

8. 其他业务

武汉鼎新家具有限公司

2013年02月工资存档表

序号	姓　名	基本工资	岗位工资	应发金额	扣社会保险	扣公积金	扣所得税	实发金额	签　名
1	吴　剑	1 000.00	2 500.00	3 500.00				3 500.00	吴　剑
2	刘奋发	1 000.00	2 500.00	3 500.00				3 500.00	刘奋发
3	张大明	1 000.00	2 500.00	3 500.00				3 500.00	张大明
4	赵　伟	1 000.00	2 500.00	3 500.00				3 500.00	赵　伟
5	周　林	1 000.00	2 500.00	3 500.00				3 500.00	周　林
……									
	合　计	80 000.00	120 000.00	200 000.00	0.00	0.00	0.00	200 000.00	

核准：刘奋发　　　　制表：　　　　2013年2月8日

中国工商银行

现金支票存根

62262458

21568503

附加信息 ________________

____

____

签发日期　*2013*年*2*月*8*日

收款人：武汉鼎新家具有限公司
金　额：*￥200 000.00*
用　途：工资
备　注：

单位主管　　　　会计

中国工商银行
Industrial and Commercial Bank of China

中国工商银行电子缴税付款凭证

转账日期：2013 年 02 月 15 日　　凭证字号：201302152565427

纳税人全称：武汉鼎新家具有限公司　　纳税人识别号：420110862387652

付款人全称：武汉鼎新家具有限公司　　征收机关：武汉市经济开发区国家税务局

付款人开户银行：中国工商银行长江支行　　收款国库：开发区金库 867018

付款人账号：40586123768　　缴款书交易流水号：2013021500435255

大写(合计)金额：玖万伍仟贰佰元整　　税票号码：SBBW52XB158D1LHBS1

小写(合计)金额：￥95 200.00

税(费)种名称	所属期间	实缴金额
增值税	20130101-20130131	95 200.00

中国工商银行武汉长江支行 2013.02.15 转讫

中国工商银行
Industrial and Commercial Bank of China

中国工商银行电子缴税付款凭证

转账日期：2013 年 02 月 15 日　　凭证字号：201302152565428

纳税人全称：武汉鼎新家具有限公司　　纳税人识别号：420110862387652

付款人全称：武汉鼎新家具有限公司　　征收机关：武汉市经济开发区地方税务局

付款人开户银行：中国工商银行长江支行　　收款国库：开发区金库 867018

付款人账号：40586123768　　缴款书交易流水号：2013021500435256

大写(合计)金额：玖仟伍佰贰拾元整　　税票号码：SBBW52XB263D1PDYA1

小写(合计)金额：￥9 520.00

税(费)种名称	所属期间	实缴金额
城市维护建设税	20130101-20130131	6 664.00
教育费附加	20130101-20130131	2 856.00

（印章：中国工商银行武汉长江支行 2013.02.15 转讫）

中国电信股份有限公司武汉分公司特约委托收款专用发票　　发票代码：242010940091

发　票　联　　发票号码：**06385168**

付款方	全　称	武汉鼎新家具有限公司	收款方	全　称	中国电信股份有限公司武汉分公司
	账　号	40586123768		账　号	79301040003764
	开户银行	中国工商银行长江支行		开户银行	830178
托收金额	人民币（大写）：玖佰伍拾元整				千 万 千 百 十 元 角 分：¥ 9 5 0 0 0
款项性质	2013年2月电信业务费用		合同号码	100138745067	
业务号码	84876642　等共9个				
套餐使用费500.00　话费353.00 国内长途费97.00　合计950.00			根据协议上列款项已由付款单位账户付出。 付款人开户银行盖章		
			委托日期：2013年02月25日		

（印章：中国工商银行武汉长江支行 2013.02.27 转讫；中国电信股份有限公司武汉分公司 420102862562387 发票专用章）

武汉自来水有限公司特约委托收款专用发票　　发票代码：142010940292

发　票　联　　发票号码：**66385259**

付款方	全　称	武汉鼎新家具有限公司	收款方	全　称	武汉自来水有限公司
	账　号	40586123768		账　号	52101040257766
	开户银行	中国工商银行长江支行		开户银行	830178
托收金额	人民币（大写）：贰仟壹佰元整				千 万 千 百 十 元 角 分：¥ 2 1 0 0 0 0
款项性质	2013年2月水费		合同号码	102538746868	
上月止码 2152　本月止码 3202　用水量 1 050　单价 2.00　金额 2 100.00			根据协议上列款项已由付款单位账户付出。 付款人开户银行盖章		
			委托日期：2013年02月25日		

（印章：中国工商银行武汉长江支行 2013.02.27 转讫；武汉自来水有限公司 420104351562248 发票专用章）

武汉鼎新家具有限公司

水费用分配表

部门	车间	科室	销售部	合计
用水量(T)	850	150	50	1 050
水费(元)	1 700.00	300.00	100.00	2 100.00

制表人：张全　　　　2013年2月28日

武汉供电有限公司特约委托收款专用发票　　　　发票代码：142010941245

发　票　联　　　　发票号码：**56751862**

付款方	全　称	武汉鼎新家具有限公司	收款方	全　称	武汉供电有限公司
	账　号	40586123768		账　号	53621028257886
	开户银行	中国工商银行长江支行		开户银行	826578
托收金额	人民币（大写）：叁仟壹佰元整				¥310000（十万千百十元角分：¥ 3 1 0 0 0 0）
款项性质	2013年2月电费		合同号码		212535696866
上月止码　本月止码　用电量　单价　金额 25860　33060　6 200　0.50　3 100.00				根据协议上列款项已由付款单位账户付出。 付款人开户银行盖章	
				委托日期：2013年12月25日	

中国工商银行武汉长江支行 2013.02.27 转讫

武汉供电有限公司 420101351563568 发票专用章

武汉鼎新家具有限公司

电费用分配表

部门	车间	科室	销售部	合计
用电量(度)	4 800	1 200	200	6 200.00
电费(元)	2 400.00	600.00	100.00	3 100.00

制表人：张全　　　　2013年2月28日

9. 月末业务事项

武汉鼎新家具有限公司

工 资 分 配 表

人员类别	工资总额	生产成本	制造费用	管理费用	销售费用
生产工人	118 000.00				
车间管理人员	14 000.00				
公司管理人员	58 000.00				
销售人员	10 000.00				
合 计	200 000.00				

制表人： 2013年2月28日

武汉鼎新家具有限公司

工会经费、职工教育经费计提表

人员类别	工资总额	工会经费	职工教育经费
生产工人			
车间管理人员			
公司管理人员			
销售人员			
合 计			

制表人： 2013年2月28日

武汉鼎新家具有限公司

固定资产折旧计提表

固定资产类别	原 值	月折旧率	折旧额
生产用固定资产	5 000 000.00		
管理用固定资产	1 500 000.00		
销售用固定资产	300 000.00		
合 计	6 800 000.00		

制表人： 2013年2月28日

武汉鼎新家具有限公司

制造费用分配表

车　　间	制造费用额	分配对象	分配比例	分配金额
基本生产车间		桌椅	100%	

制表人：　　　　　　　　　　　　　　2013年2月28日

武汉鼎新家具有限公司

产品入库汇总表

2013年2月　　　　　　附入库单3张

产品名称	计量单位	入库数量	生产成本	备注
桌椅	组	1 500		

制表人：　　　　　　　　　　　　　　2013年2月28日

武汉鼎新家具有限公司

产　品　入　库　单

CPRK20130004

2013 年 2 月 9 日

材料名称	规　格	计量单位	交库数量	实收数量	备注
桌椅		组	500	500	

②记账

移交人：林雄　　　　　　　　　　　　保管员：张强

武汉鼎新家具有限公司

产　品　入　库　单

CPRK20130004

2013 年 2 月 9 日

材料名称	规　格	计量单位	交库数量	实收数量	备注
桌椅		组	500	500	

②记账

移交人：林雄　　　　　　　　　　　　保管员：张强

武汉鼎新家具有限公司

产 品 入 库 单

CPRK20130005

2013 年 2 月 20 日

材料名称	规　格	计量单位	交库数量	实收数量	备注
桌椅		组	500	500	

②记账

移交人：林雄　　　　保管员：张强

武汉鼎新家具有限公司

产 品 入 库 单

CPRK20130006

2013 年 2 月 28 日

材料名称	规　格	计量单位	交库数量	实收数量	备注
桌椅		组	500	500	

②记账

移交人：林雄　　　　保管员：张强

武汉鼎新家具有限公司

月末未完工产品报告单

2013年2月28日

产品名称	计量单位	未完工产品数量	约当产量	生产成本
桌椅	组	0	0	0

复核：王福生　　　　制表：李斌

武汉鼎新家具有限公司

产 品 出 库 单

CK20130007

2013 年 2 月 5 日

发往单位：武昌家具商场有限公司

材料名称	规　格	计量单位	出库数量	出库金额	备注
桌椅		组	200		

②记账

提货人：李龙　　　　保管员：张强

武汉鼎新家具有限公司

产 品 出 库 单

CK20130008

2013 年 2 月 10 日

发往单位：汉阳家具商场有限公司

材料名称	规　格	计量单位	出库数量	出库金额	备注
桌椅		组	250		

②记账

提货人：王虎　　　　保管员：张强

武汉鼎新家具有限公司

产 品 出 库 单

CK20130009

2013 年 2 月 15 日

发往单位：汉口家具商场有限公司

材料名称	规　格	计量单位	出库数量	出库金额	备注
桌椅		组	300		

②记账

提货人：钱彪　　　　保管员：张强

武汉鼎新家具有限公司

营业税金及附加计提表

税费名称	计税(费)依据	计税(费)金额	税(费)率	税(费)额
城市维护建设税	增值税额		7%	
教育费附加	增值税额		3%	
合　　计				

制表人：　　　　　　　　　　　　　　　2013年2月28日

（结转本月损益）

（三）2013年12月

武汉鼎新家具有限公司

领　料　单

LL20130067

2013年12月1日

领料部门：生产车间　　　　　　　　　　用途：生产桌椅

材料名称	规　格	计量单位	请领数量	实领数量	备注
木板	2 000×1 000×15	张	500	500	
原木	4 000×200	根	1 000	1 000	

②记账

领料人：李斌　　　　　　　　　　保管员：张强

中国工商银行 Industrial and Commercial Bank of China

现金管理收费凭证　　8660892

2013年12月1日

付款人户名	武汉鼎新家具有限公司					
付款人账号	40586123768					
业务种类	单位购买现金支票					
收费项目	收费基数	费率	交易量	交易金额		收费金额
现金支票工本费			25			5.00
现金支票手续费			25			15.00
金额（大写）	贰拾元整		（小写）￥20.00			

第二联　客户回单

中国工商银行 Industrial and Commercial Bank of China

现金管理收费凭证　　8660892

2013年12月1日

付款人户名	武汉鼎新家具有限公司					
付款人账号	40586123768					
业务种类	单位购买转账支票					
收费项目	收费基数	费率	交易量	交易金额		收费金额
转账支票工本费			25			15.00
转账支票手续费			25			15.00
金额（大写）	叁拾元整		（小写）￥30.00			

第二联　客户回单

中国工商银行

转账支票存根

62268735

32515801

附加信息 ______

签发日期 2013年12月2日

收款人：	武汉三江板材公司
金　额：	¥100 000.00
用　途：	货款
备　注：	周林

单位主管　　会计

4200123521　　湖北省增值税专用发票　　№24501365

发票联

开票日期：2013 年 12 月 02 日

购货单位	名称：	武汉鼎新家具有限公司			密码区	70+87*12+5-4-+>4>0+86/0*41> 7+87-70<*856<-+41-2+94392/3 4*36<32+3<9+38/486*/32-4>32 80/52>2++*-3-<35*827/+->342		加密版本：01 4200123521 24501365
	纳税人识别号：	420110862387652						
	地址、电话：	武汉市环湖路 1 号 027-84876642						
	开户行及账号：	中国工商银行长江支行 40586123768						
货物或应税劳务名称		规格型号	单位	数量	单价	金额	税率	税额
木板		2 000×1 000×15	张	500	200.00	100 000.00	17%	17 000.00
合计								
价税合计（大写）		⊗壹拾壹万柒仟元整				（小写）¥117 000.00		
销货单位	名称：	武汉三江板材有限公司			备注			
	纳税人识别号：	420104865645612						
	地址、电话：	武汉市汉西路 1 号 027-83231256						
	开户行及账号：	中国农业银行汉西路支行 17028524321						

收款人：　　复核：　　开票人：张玲　　销货单位：（章）

第二联 发票联 购货方记账凭证

武汉鼎新家具有限公司

材 料 入 库 单　　CLRK20130067

2013年12月2日

材料来源：武汉三江板材有限公司

材料名称	规　格	计量单位	购买数量	入库数量	备注
木板	2 000×1 000×15	张	500	500	

②记账

采购员：周林　　　　保管员：张强

中国工商银行

转账支票存根

62268735

32515802

附加信息

签发日期　2013年12月4日

收款人：武汉佳禾木材公司
金　额：￥100 000.00
用　途：货款
备　注：　周林

单位主管　　会计

4200023143　　**湖北省增值税专用发票**　　№82350156

发票联

开票日期：2013 年 12 月 04 日

购货单位	名　　称：	武汉鼎新家具有限公司	密码区	6/0*42+51>41-280+-4-+>4>0+1 2/36<33+9437+87-70<*856<-+9 2+3<9+004*/486+787**/32-4>3 27>22+/+->342*-3-<35*8+80/5	加密版本：01 4200023143 82350156
	纳税人识别号：	420110862387652			
	地址、电话：	武汉市环湖路 1 号 027-84876642			
	开户行及账号：	中国工商银行长江支行 40586123768			

货物或应税劳务名称	规格型号	单位	数量	单价	金额	税率	税额
原木	4 000×200	根	1 000	100.00	100 000.00	17%	17 000.00
合　计							
价税合计（大写）	⊗壹拾壹万柒仟元整				（小写）￥117000.00		

销货单位	名　　称：	武汉佳禾木材有限公司	备注	武汉佳禾木材有限公司 420102556784350 发票专用章
	纳税人识别号：	420102556784350		
	地址、电话：	武汉市汉东路 8 号 027-82235658		
	开户行及账号：	中国银行汉东路支行 35628524333		

收款人：　　复核：　　开票人：刘芳　　销货单位：（章）

第二联　发票联　购货方记账凭证

武汉鼎新家具有限公司

材料入库单

CLRK20130068

2013年12月4日

材料来源：武汉佳禾木材有限公司

材料名称	规　格	计量单位	购买数量	入库数量	备注
原木	4 000×200	根	1 000	1 000	

②记账

采购员：周林　　保管员：张强

武汉鼎新家具有限公司

借 支 单

2013 年 12 月 4 日

借支人	刘奋发	部门	行政办公室
借支金额	人民币叁仟元整　　　　（¥3 000.00）		
借支事由	到广州出差		

审批：吴剑　　　　借款人：刘奋发

中国工商银行

现金支票存根

62262458

21568521

附加信息 ________

____

____

签发日期　2013年12月4日

收款人：刘奋发
金　额：￥3 000.00
用　途：差旅费
备　注：

单位主管　　　会计

中国工商银行

转账支票存根

62268735

32515803

附加信息 ______________

签发日期 2013年12月5日

收款人：武汉七彩油漆公司
金　额：￥100 000.00
用　途：货款
备　注：　　　周林

单位主管　　　会计

武汉鼎新家具有限公司

费 用 报 销 单

2013年12月5日

单位或部门	事　　由	金额（元）	单据张数
财务部	购记录本	10.00	1
报销金额（大写）	×万×千×佰壹拾零元零角零分	￥10.00	

审批：刘奋发　　　　　　报销人：李晶

湖北省国家税务局通用手工发票

发　票　联

发票代码142011223501

发票号码20304936

付款单位：武汉鼎新家具有限公司　　　　2013年12月5日

项　目　内　容	金额 百	十	元	角	分	备　注
记录本		1	0	0	0	
合计人民币（大写）零佰壹拾零元零角零分		1	0	0	0	

第二联　发票联

收款单位名称：武汉新华文具商店　　　　开票人：李萍

收款单位税号：

4200123241　　**湖北省增值税专用发票**　　№35601452

此联不作报销、扣税凭证使用

开票日期：2013 年 12 月 06 日

购货单位	名　称：武昌家具商场有限公司 纳税人识别号：420106748327150 地址、电话：武汉市沿江路 136 号 027-87654321 开户行及账号：中国建设银行沿江路支行 62859666216	密码区	36+50+4*/48-4-+>4>0+86/0*41 9-70<*856<-+>41-2+9216<3392 52+3<9+3267**/32-4>387/37+8 72/52>2++*-3-<35*827/+->305	加密版本：01 4200123241 35601452

货物或应税劳务名称	规格型号	单位	数量	单价	金额	税率	税额
桌椅		组	200	800.00	160 000.00	17%	27 200.00
合　计							
价税合计（大写）	⊗壹拾捌万柒仟贰佰元整				（小写）¥187 200.00		

销货单位	名　称：武汉鼎新家具有限公司 纳税人识别号：420110862387652 地址、电话：武汉市环湖路 1 号 027-84876642 开户行及账号：中国工商银行长江支行 40586123768	备注	

收款人：　　复核：　　开票人：李晶　　销货单位：（章）

第一联 记账联 销货方记账凭证

武汉鼎新家具有限公司

产 品 出 库 单　　CK20130064

2013 年 12 月 6 日

发往单位：武昌家具商场有限公司

材料名称	规　格	计量单位	出库数量	出库金额	备注
桌椅		组	200		

②记账

提货人：李龙　　保管员：张强

银行进账单(收账通知)

2013年12月6日

<table>
<tr><td rowspan="3">出票人</td><td>全　　称</td><td colspan="10">武昌家具商场有限公司</td></tr>
<tr><td>开户银行</td><td colspan="10">中国建设银行沿江路支行</td></tr>
<tr><td>账　　号</td><td colspan="10">62859666216</td></tr>
<tr><td rowspan="2">金额</td><td rowspan="2">人民币
(小写)</td><td>千</td><td>百</td><td>十</td><td>万</td><td>千</td><td>百</td><td>十</td><td>元</td><td>角</td><td>分</td></tr>
<tr><td></td><td>￥</td><td>1</td><td>8</td><td>0</td><td>0</td><td>0</td><td>0</td><td>0</td><td>0</td></tr>
<tr><td rowspan="3">收款人</td><td>全　　称</td><td colspan="10">武汉鼎新家具有限公司</td></tr>
<tr><td>开户银行</td><td colspan="10">中国工商银行长江支行</td></tr>
<tr><td>账　　号</td><td colspan="10">40586123768</td></tr>
<tr><td colspan="2">票据种类</td><td colspan="3">转账支票</td><td colspan="4">票据张数</td><td colspan="3">1</td></tr>
<tr><td colspan="2">票据号码</td><td>6</td><td>0</td><td>5</td><td>6</td><td>8</td><td>3</td><td>2</td><td>7</td><td colspan="2"></td></tr>
<tr><td colspan="2">备　　注</td><td colspan="10"></td></tr>
</table>

中国工商银行武汉长江支行 2013.12.06 转讫

复核　　　　记账

武汉鼎新家具有限公司

领　料　单

LL20130068

2013年12月6日

领料部门：生产车间　　　　用途：生产桌椅

材料名称	规　格	计量单位	请领数量	实领数量	备注
油漆		桶	50	50	

②记账

领料人：李斌　　　　保管员：张强

中国工商银行
现金支票存根
62262458
21568522

附加信息 ______________

____

____

签发日期 2013年12月8日

收款人：武汉鼎新家具公司
金　额：￥200 000.00
用　途：工资
备　注：

单位主管　　　会计

4200123241　　　**湖北省增值税专用发票**　　　№35601453

此联不作报销、扣税凭证使用

开票日期：2013 年 12 月 08 日

购货单位	名　称：汉阳家具商场有限公司 纳税人识别号：420105748322250 地址、电话：武汉市知音路 18 号 027-84981234 开户行及账号：中国建设银行知音路支行 42859673215			密码区	2-46/0*41-212+50+-4-+>4>0+8 92/37+87-70<*856<-++9436<33 862+3<9+/+2004*/4*787*/3>32 8->340/52>2++1>4*-3-<35*827	加密版本：01 4200123241 35601453	
货物或应税劳务名称	规格型号	单位	数量	单价	金额	税率	税额
桌椅		组	250	800.00	200 000.00	17%	34 000.00
合　计							
价税合计（大写）	⊗贰拾叁万肆仟元整				（小写）￥234 000.00		
销货单位	名　称：武汉鼎新家具有限公司 纳税人识别号：420110862387652 地址、电话：武汉市环湖路 1 号 027-84876642 开户行及账号：中国工商银行长江支行 40586123768			备注			

收款人：　　　复核：　　　开票人：　李晶　　　销货单位：（章）

第一联　记账联　销货方记账凭证

武汉鼎新家具有限公司

产品出库单

CK20130065

2013 年 12 月 8 日

发往单位：汉阳家具商场有限公司

材料名称	规　格	计量单位	出库数量	出库金额	备注
桌椅		组	250		

②记账

提货人：王虎　　　　保管员：张强

武汉鼎新家具有限公司

2013年12月工资存档表

序号	姓　名	基本工资	岗位工资	应发金额	扣社会保险	扣公积金	扣所得税	实发金额	签　名
1	吴　剑	1 000.00	2 500.00	3 500.00				3 500.00	吴　剑
2	刘奋发	1 000.00	2 500.00	3 500.00				3 500.00	刘奋发
3	张大明	1 000.00	2 500.00	3 500.00				3 500.00	张大明
4	赵　伟	1 000.00	2 500.00	3 500.00				3 500.00	赵　伟
5	周　林	1 000.00	1 500.00	2 500.00				2 500.00	周　林
……									
	合　计	80 000.00	119 000.00	199 000.00	0.00	0.00	0.00	199 000.00	

核准：刘奋发　　　　制表：　　　　2013年12月8日

武汉鼎新家具有限公司

差旅费报销单

2013年12月9日　　　　附单据 3 张

出差人	刘奋发	出差地	广州	出差事由	行业年会			同行人员	无	
起止时间		交通工具	票据张数	金额	人数	天数	补助标准	出差补助	其他费用	
12月5日	12月8日	高铁	2	1 477.00	1	4	50.00	200.00	住宿费	1 323.00
报销金额	人民币叁仟元整		(¥3 000.00)		借支金额		3 000.00	退（补）金额		0元

审批：吴剑　　　　报销人：刘奋发

195G004327　　　　　　　　　　　　　　　　　武C售

武汉　　　　　　　G77次　　　　　　　广州南

WuHan　　　　　　——→　　　　　GuangZhouNan

2013年12月05日09：00开　　　　　　6车10 B

￥738.50元　　　　　　　　　　　　　　一等座

限乘当日当次车

刘奋发

4201051974****1777　　检票口A6

21052386441947　　G0C3448

325G002601　　　　　　　　　　　　　　　穗B售

广州南　　　　　　G74次　　　　　　　武汉

GuangZhouNan　　　——→　　　　　WuHan

2013年12月08日09：26开　　　　　　10车09 B

￥738.50元　　　　　　　　　　　　　　一等座

限乘当日当次车

刘奋发

4201021975****1777　　检票口06A

11024156314352　　G0C5227

广东省地方税收通用发票（电子）　　电子发票手写无效

广东省 地方税务局监制

发　票　联

发票代码 244011307026

开票日期 2013-12-08　　行业类别 旅店业　　发票号码 83650201

付款方名称：武汉鼎新家具有限公司

付款方识别号：

收款方名称：广州远大假日酒店

收款方识别号：44042523657681X

主管税务机关：广州白云区地方税务局第一税务所　　防伪码 1534476213240322782

开票项目说明	金额
房费	1 323.00

合计（大写）：人民币壹仟叁佰贰拾叁元整　　合计（小写）：¥1 323.00

附注：

开票单位盖章：　　开票人：张丰

广州远大假日酒店 44042523657681X 发票专用章

№ 1203002-32315161

发票联

付款方付款凭证

武汉鼎新家具有限公司

领　料　单

LL20130069

2013年12月10日

领料部门：生产车间　　用途：生产桌椅

材料名称	规　格	计量单位	请领数量	实领数量	备注
木板	2 000×1 000×15	张	500	500	
原木	4 000×200	根	1 000	1 000	

②记账

领料人：李斌　　保管员：张强

4200123241　　**湖北省增值税专用发票**　　№35601454

此联不作报销、扣税凭证使用

开票日期：2013 年 12 月 10 日

购货单位	名称：汉口体育用品商场有限公司 纳税人识别号：420103325384658 地址、电话：武汉市长江路 15 号 027-85863566 开户行及账号：中国农业银行长江路支行 17535235621			密码区	6/0*412+50+1-2-4-+>4>0+81>4 92/37-70<*856<-+36<33+947+8 5*/462+3<9+36867*78*/32-4>3 80/52>2++*-3-<35*8->327/+42		加密版本：01 4200123241 35601454
货物或应税劳务名称	规格型号	单位	数量	单价	金额	税率	税额
桌椅		组	300	800.00	240 000.00	17%	40 800.00
合计							
价税合计（大写）	⊗贰拾捌万零捌佰元整				（小写）￥280 800.00		
销货单位	名称：武汉鼎新家具有限公司 纳税人识别号：420110862387652 地址、电话：武汉市环湖路 1 号 027-84876642 开户行及账号：中国工商银行长江支行 40586123768			备注			

收款人：　　复核：　　开票人：李晶　　销货单位：（章）

第一联 记账联 销货方记账凭证

武汉鼎新家具有限公司

产 品 出 库 单　　CK20130066

2013 年 12 月 10 日

发往单位：汉口家具商场有限公司

材料名称	规格	计量单位	出库数量	出库金额	备注
桌椅		组	300		

②记账

提货人：钱彪　　保管员：张强

武汉鼎新家具有限公司

产 品 入 库 单

CPRK20130034

2013 年 12 月 10 日

材料名称	规　格	计量单位	交库数量	实收数量	备注
桌椅		组	500	500	

②记账

移交人：林雄　　　　保管员：张强

武汉鼎新家具有限公司

借 支 单

2013 年 12 月 11 日

借支人	赵伟	部门	销售部
借支金额	人民币叁仟元整　（¥3 000.00）		
借支事由	到广州深圳出差		

审批：刘奋发　　　　借款人：赵伟

中国工商银行

现金支票存根

62262458

21568523

附加信息 ______________

____

____

签发日期 *2013*年*12*月*11*日

收款人：赵伟
金　额：*￥3 000.00*
用　途：差旅费
备　注：

单位主管　　　会计

4200123241 **湖北省增值税专用发票** №35601455

此联不作报销、扣税凭证使用

开票日期：2013 年 12 月 15 日

购货单位			密码区	
名　称：	武昌家具商场有限公司		3-4-+>4>0+86+50+6/0*41>41-2	加密版本：01
纳税人识别号：	420106748327150		9-70<*8<-+56+9216<337+892/3	4200123241
地址、电话：	武汉市沿江路 136 号 027-87654321		52+3<9+6700+4*/48*/32-4>387	35601455
开户行及账号：	中国建设银行沿江路支行 62859666216		72/52>2+5*-3-<35*827/+->3+7	

货物或应税劳务名称	规格型号	单位	数量	单价	金额	税率	税额
桌椅		组	200	800.00	160 000.00	17%	27 200.00
合　计							
价税合计（大写）	⊗壹拾捌万柒仟贰佰元整				（小写）￥187 200.00		

销货单位		备注
名　称：	武汉鼎新家具有限公司	
纳税人识别号：	420110862387652	
地址、电话：	武汉市环湖路 1 号 027-84876642	
开户行及账号：	中国工商银行长江支行 40586123768	

收款人：　　复核：　　开票人：李晶　　销货单位：（章）

第一联 记账联 销货方记账凭证

武汉鼎新家具有限公司

产品出库单 CK20130067

2013 年 12 月 15 日

发往单位：武昌家具商场有限公司

材料名称	规　格	计量单位	出库数量	出库金额	备注
桌椅		组	200		

提货人：李龙　　保管员：张强

②记账

武汉鼎新家具有限公司

费 用 报 销 单

2013年12月15日

单位或部门	事　　由	金额（元）	单据张数
车间	购打印纸墨盒等	330.00	1
报销金额（大写）	×万×仟叁佰叁拾零元零角零分	¥330.00	

审批：刘奋发　　　　报销人：李斌

湖北省国家税务局通用手工发票

发　票　联

发票代码142011223501

发票号码12821125

付款单位:武汉鼎新家具有限公司　　　　2013年12月15日

项　目　内　容	金额 百	十	元	角	分	备　注
打印纸		4	0	0	0	
墨盒	2	0	0	0	0	
计算器		9	0	0	0	
合计人民币（大写）　叁 佰 叁 拾 零 元 零 角 零 分	3	3	0	0	0	

第二联 发票联

收款单位名称:武汉新华文具商店　　　　开票人：李萍

收款单位税号:

武汉鼎新家具有限公司

领　料　单

LL20130070

2013年12月16日

领料部门：生产车间　　　　用途：生产桌椅

材料名称	规　格	计量单位	请领数量	实领数量	备注
油漆		桶	50	50	

②记账

领料人：李斌　　　　保管员：张强

中国工商银行

转账支票存根

62268735

32515804

附加信息 ______________

____

____

签发日期 *2013年12月16日*

收款人:	武汉三江板材公司
金　额:	*￥100 000.00*
用　途:	货款
备　注:	周林

单位主管　　　会计

4200123521　　　　**湖北省增值税专用发票**　　　　**№24561495**

发票联

开票日期: 2013 年 12 月 16 日

购货单位		密码区	
名　　称:	武汉鼎新家具有限公司	6/0*41>7*12+50+-4-87+>4>0+8	加密版本: 01
纳税人识别号:	420110862387652	1-2+7-70<*856<-+494-92/37+8	4200123521
地址、电话:	武汉市环湖路 1 号 027-84876642	36<32+3<9+3886*/32-4>324*/4	24561495
开户行及账号:	中国工商银行长江支行 40586123768	80/52>2++*-3-<35*827/+->342	

货物或应税劳务名称	规格型号	单位	数量	单价	金额	税率	税额
木板	2 000×1 000×15	张	500	200.00	100 000.00	17%	17 000.00
合　计							

价税合计（大写）	⊗壹拾壹万柒仟元整	（小写）￥117 000.00

销货单位		备注
名　　称:	武汉三江板材有限公司	武汉三江板材有限公司 420104865645612 发票专用章
纳税人识别号:	420104865645612	
地址、电话:	武汉市汉西路 1 号 027-83231256	
开户行及账号:	中国农业银行汉西路支行 17028524321	

收款人:　　　复核:　　　开票人: 张玲　　　销货单位:（章）

第二联 发票联 购货方记账凭证

武汉鼎新家具有限公司

材 料 入 库 单

CLRK20130070

2013年12月16日

材料来源：武汉三江板材有限公司

材料名称	规　格	计量单位	购买数量	入库数量	备注
木板	2 000×1 000×15	张	500	500	

②记账

采购员：周林　　　　保管员：张强

4200123241

湖北省增值税专用发票

№35601456

此联不作报销、扣税凭证使用

开票日期：2013 年 12 月 18 日

购货单位	名　称：汉阳家具商场有限公司 纳税人识别号：420105748322250 地址、电话：武汉市知音路 18 号 027-84981234 开户行及账号：中国建设银行知音路支行 42859673215	密码区	12+56/0*41>41-20+-4-+>4>0+8 92/37+87-70<*8++9456<-36<33 7-2+3<9+814*/4*787*/32-4>32 8->3/52>2++27/*40-3-<35*8+2	加密版本：01 4200123241 35601456

货物或应税劳务名称	规格型号	单位	数量	单价	金额	税率	税额
桌椅		组	250	800.00	200 000.00	17%	34 000.00
合　计							
价税合计（大写）	⊗贰拾叁万肆仟元整				（小写）￥234 000.00		

销货单位	名　称：武汉鼎新家具有限公司 纳税人识别号：420110862387652 地址、电话：武汉市环湖路 1 号 027-84876642 开户行及账号：中国工商银行长江支行 40586123768	备注	

收款人：　　复核：　　开票人：李晶　　销货单位：（章）

第一联　记账联　销货方记账凭证

武汉鼎新家具有限公司

产 品 出 库 单

CK20130068

2013 年 12 月 18 日

发往单位：汉阳家具商场有限公司

材料名称	规　格	计量单位	出库数量	出库金额	备注
桌椅		组	250		

②记账

提货人：王虎　　　　保管员：张强

武汉鼎新家具有限公司

差 旅 费 报 销 单

2013年12月18日　　　　附单据 8 张

出差人	赵伟	出差地	广州、深圳	出差事由	联系业务			同行人员	无	
起止时间		交通工具	票据张数	金额	人数	天数	补助标准	出差补助	其他费用	
12月12日	12月17日	高铁	3	1 076.00	1	6	50.00	300.00	住宿费	1 724.00
报销金额	人民币叁仟壹佰元整　（¥3 100.00）				借支金额		3 000.00	~~退~~（补）金额		100.00

审批：刘春发　　　　报销人：赵伟

195G004732　　　　武C售

武汉　　G77次　　广州南

WuHan　　——→　　GuangZhouNan

2013年12月12日09：00开　　10车12 A

￥463.50元　　二等座

限乘当日当次车

赵伟

4201051974****2437　　检票口A5

21052341947653　　G0C3346

325G002601　　广州南售

广州南　　G1005次　　深圳北

GuangZhouNan　——→　ShenZhenBei

2013年12月15日15：18开　　**09车06 B**

￥74.50元　　**二等座**

限乘当日当次车

赵伟

4201051974****2437　检票口08B

11424135216712　G0C1026

325G002601　　深圳北售

深圳北　　G74次　　武汉

ShenZhenBei　——→　WuHan

2013年12月17日08：45开　　**12车07 B**

￥538.00元　　**二等座**

限乘当日当次车

赵伟

4201051974****2437　检票口A8

11024101214352　G0C3025

广东省地方税收通用发票（电子）　电子发票手写无效

广东省 地方税务局监制

发　票　联

发票代码 244011307026

开票日期 2013-12-15　　行业类别 旅店业　　发票号码 83653241

付款方名称：武汉鼎新家具有限公司

付款方识别号：

收款方名称：广州远大假日酒店

收款方识别号：44042523657681X

主管税务机关：广州白云区地方税务局第一税务所　　防伪码 1534476213240322782

开票项目说明	金额
房费	924.00

合计（大写）：人民币玖佰贰拾肆元整　　合计（小写）：￥924.00

附注：

开票单位盖章：　　开票人：张丰

广州远大假日酒店 44042523657681X 发票专用章

№ 1203002-63153121

发票联 付款方付款凭证

广东省深圳市地方税务局通用定额发票

广东省深圳市 地方税务局监制

发　票　联

防伪测试区

发票代码　244031109142

发票号码　08007075

500

项目：

伍佰元整

深圳市景阳大酒店 发票专用章

（盖章有效）

广东省深圳市地方税务局通用定额发票

广东省深圳市
地方税务局监制

发　票　联

防伪测试区

发票代码　244031308124

发票号码　18047057

100

项目：

深圳市景阳大酒店
440300518811675
发票专用章

壹佰元整

(盖章有效)

广东省深圳市地方税务局通用定额发票

广东省深圳市
地方税务局监制

发　票　联

防伪测试区

发票代码　244031308124

发票号码　18047058

100

项目：

深圳市景阳大酒店
44030051881
发票专用章

壹佰元整

(盖章有效)

广东省深圳市地方税务局通用定额发票

广东省深圳市
地方税务局监制

发　票　联

防伪测试区

发票代码　244031308124

发票号码　18047059

100

项目：

深圳市景阳大酒店
440300051881
发票专用章

壹佰元整

(盖章有效)

中国工商银行
转账支票存根
62268735
32515804

附加信息

签发日期　2013年12月18日

收款人：武汉佳禾木材公司
金　额：￥150 000.00
用　途：货款
备　注：　　周林

单位主管　　　会计

4200023143　　湖北省增值税专用发票　　№82355601

发票联

开票日期：2013年12月18日

<table>
<tr><td rowspan="4">购货单位</td><td>名　　称：</td><td colspan="3">武汉鼎新家具有限公司</td><td rowspan="4">密码区</td><td colspan="3">87*51>41-2-4-+>4>0+16/0*42+
480+37+87-70<*856<-+92/36<3
3+904*/486+7*/32-4>32+3<9+0
27>22+/+->342*-3-<35*8+80/5</td><td>加密版本：01
4200023143
82355601</td></tr>
<tr><td>纳税人识别号：</td><td colspan="3">420110862387652</td></tr>
<tr><td>地址、电话：</td><td colspan="3">武汉市环湖路1号027-84876642</td></tr>
<tr><td>开户行及账号：</td><td colspan="3">中国工商银行长江支行40586123768</td></tr>
<tr><td colspan="2">货物或应税劳务名称</td><td>规格型号</td><td>单位</td><td>数量</td><td>单价</td><td>金额</td><td>税率</td><td colspan="2">税额</td></tr>
<tr><td colspan="2">原木</td><td>4 000×200</td><td>根</td><td>1 000</td><td>100.00</td><td>100 000.00</td><td>17%</td><td colspan="2">17 000.00</td></tr>
<tr><td colspan="2">合　计</td><td></td><td></td><td></td><td></td><td></td><td></td><td colspan="2"></td></tr>
<tr><td colspan="2">价税合计（大写）</td><td colspan="5">⊗壹拾壹万柒仟元整</td><td colspan="3">（小写）¥117 000.00</td></tr>
<tr><td rowspan="4">销货单位</td><td>名　　称：</td><td colspan="3">武汉佳禾木材有限公司</td><td rowspan="4">备注</td><td colspan="4" rowspan="4">武汉佳禾木材有限公司
420102556784350
发票专用章</td></tr>
<tr><td>纳税人识别号：</td><td colspan="3">420102556784350</td></tr>
<tr><td>地址、电话：</td><td colspan="3">武汉市汉东路8号027-82235658</td></tr>
<tr><td>开户行及账号：</td><td colspan="3">中国银行汉东路支行35628524333</td></tr>
</table>

收款人：　　复核：　　开票人：刘芳　　销货单位：（章）

第二联 发票联 购货方记账凭证

武汉鼎新家具有限公司

材 料 入 库 单　　CLRK20130071

2013年12月18日

材料来源：武汉佳禾木材有限公司

材料名称	规　格	计量单位	购买数量	入库数量	备注
原木	4 000×200	根	1 000	1 000	

②记账

采购员：周林　　保管员：张强

武汉鼎新家具有限公司

领　料　单

LL20130071

2013年12月20日

领料部门：生产车间　　　　用途：生产桌椅

材料名称	规　格	计量单位	请领数量	实领数量	备注
木板	2 000×1 000×15	张	500	500	
原木	4 000×200	根	1 000	1 000	

②记账

领料人：李斌　　　　保管员：张强

武汉鼎新家具有限公司

产 品 入 库 单

CPRK20130035

2013 年 12 月 20 日

材料名称	规　格	计量单位	交库数量	实收数量	备注
桌椅		组	500	500	

②记账

移交人：林雄　　　　保管员：张强

中国工商银行
Industrial and Commercial Bank of China

利息入账通知

2013年12月20日

传票号：99997521

中国工商银行武汉长江支行 2013.12.20 转讫

付款人：中国工商银行长江支行　　收款户名：武汉鼎新家具有限公司

收款账号：40586123768　　利息金额大写：(人民币)壹仟元整

利息金额小写：RMB1 000.00　　计息期间：20131021-20131220

活期存款积数：400 000 000.00　　利率：0.2500

摘要：结息

4200123241　　**湖北省增值税专用发票**　　№35601457

此联不作报销、扣税凭证使用

开票日期：2013 年 12 月 22 日

购货单位	名　　称：汉口体育用品商场有限公司 纳税人识别号：420103325384658 地址、电话：武汉市长江路 15 号 027-85863566 开户行及账号：中国农业银行长江路支行 17535235621			密码区	436<12+50+1-2-4-+>4>0+86/0* 41>492/37-70<*856<-++9337+8 62+3<9+267*04*/4878*/32-4>3 80/52>2++*-3-<35*827/+->342	加密版本：01 4200123241 35601457	
货物或应税劳务名称	规格型号	单 位	数 量	单 价	金 额	税率	税 额
桌椅		组	300	800.00	240 000.00	17%	40 800.00
合　计							
价税合计（大写）	⊗贰拾捌万零捌佰元整				（小写）￥280 800.00		
销货单位	名　　称：武汉鼎新家具有限公司 纳税人识别号：420110862387652 地址、电话：武汉市环湖路 1 号 027-84876642 开户行及账号：中国工商银行长江支行 40586123768			备注			

收款人：　　复核：　　开票人：李晶　　销货单位：（章）

第一联 记账联 销货方记账凭证

武汉鼎新家具有限公司

产 品 出 库 单　　CK20130069

2013 年 12 月 22 日

发往单位：汉口家具商场有限公司

材料名称	规　格	计量单位	出库数量	出库金额	备注
桌椅		组	300		

②记账

提货人：钱彪　　保管员：张强

4200123241 **湖北省增值税专用发票** №35601458

此联不作报销、扣税凭证使用

开票日期：2013 年 12 月 25 日

购货单位	名　　称：武昌家具商场有限公司 纳税人识别号：420106748327150 地址、电话：武汉市沿江路 136 号 027-87654321 开户行及账号：中国建设银行沿江路支行 62859666216	密码区	36+50+-4-+>4>0+86/0*41>41-2 459-70<*856<-86++9216<337+8 52+3<9+92/34*/47**/32-4>387 72/52>2++*-3-<35*8->327/+05	加密版本：01 4200123241 35601458

货物或应税劳务名称	规格型号	单位	数量	单价	金额	税率	税额
桌椅		组	200	800.00	160 000.00	17%	27 200.00
合　计							
价税合计（大写）	⊗壹拾捌万柒仟贰佰元整				（小写）￥187 200.00		

销货单位	名　　称：武汉鼎新家具有限公司 纳税人识别号：420110862387652 地址、电话：武汉市环湖路 1 号 027-84876642 开户行及账号：中国工商银行长江支行 40586123768	备注	

收款人：　　　复核：　　　开票人：李品　　　销货单位：（章）

第一联 记账联 销货方记账凭证

武汉鼎新家具有限公司

产 品 出 库 单

CK20130070

2013 年 12 月 25 日

发往单位：武昌家具商场有限公司

材料名称	规　格	计量单位	出库数量	出库金额	备注
桌椅		组	200		

②记账

提货人：李龙　　　　　　保管员：张强

银行进账单(收账通知)

2013 年 12 月 25 日

<table>
<tr><td rowspan="3">出票人</td><td>全　　称</td><td colspan="11">汉阳家具商场有限公司</td></tr>
<tr><td>开户银行</td><td colspan="11">中国建设银行知音路支行</td></tr>
<tr><td>账　　号</td><td colspan="11">42859673215</td></tr>
<tr><td rowspan="2">金额</td><td rowspan="2">人民币
(小写)</td><td>千</td><td>百</td><td>十</td><td>万</td><td>千</td><td>百</td><td>十</td><td>元</td><td>角</td><td>分</td><td></td></tr>
<tr><td></td><td>¥</td><td>6</td><td>0</td><td>0</td><td>0</td><td>0</td><td>0</td><td>0</td><td>0</td><td></td></tr>
<tr><td rowspan="3">收款人</td><td>全　　称</td><td colspan="11">武汉鼎新家具有限公司</td></tr>
<tr><td>开户银行</td><td colspan="11">中国工商银行长江支行</td></tr>
<tr><td>账　　号</td><td colspan="11">40586123768</td></tr>
<tr><td colspan="2">票据种类</td><td colspan="4">转账支票</td><td colspan="4">票据张数</td><td colspan="3">1</td></tr>
<tr><td colspan="2">票据号码</td><td>4</td><td>0</td><td>8</td><td>6</td><td>7</td><td>2</td><td>3</td><td>2</td><td colspan="3"></td></tr>
<tr><td colspan="2">备　　注</td><td colspan="11"></td></tr>
</table>

复核　　　　　　记账

(印章：中国工商银行武汉长江支行 2013.12.25 转讫)

中国工商银行 Industrial and Commercial Bank of Chin　　现金管理收费凭证　　9766857

2013年12月25日

<table>
<tr><td>付款人户名</td><td colspan="6">武汉鼎新家具有限公司</td><td rowspan="8">第二联

客户回单</td></tr>
<tr><td>付款人账号</td><td colspan="6">40586123768</td></tr>
<tr><td>业务种类</td><td colspan="6">账户管理</td></tr>
<tr><td>收费项目</td><td>收费基数</td><td>费率</td><td>交易量</td><td colspan="2">交易金额</td><td>收费金额</td></tr>
<tr><td>账户管理年费</td><td></td><td></td><td></td><td></td><td></td><td>300.00</td></tr>
<tr><td></td><td></td><td></td><td></td><td></td><td></td><td></td></tr>
<tr><td></td><td></td><td></td><td></td><td></td><td></td><td></td></tr>
<tr><td></td><td></td><td></td><td></td><td></td><td></td><td></td></tr>
<tr><td>金额（大写）</td><td colspan="6">叁佰元整　　　　（小写）¥300.00</td><td></td></tr>
</table>

(印章：中国工商银行武汉长江支行 2013.12.25 转讫)

中国工商银行 Industrial and Commercial Bank of China　　现金管理收费凭证　　9766858

2013年12月25日

付款人户名	武汉鼎新家具有限公司				
付款人账号	40586123768				
业务种类	账户管理				
收费项目	收费基数	费率	交易量	交易金额	收费金额
回单柜管理费					200.00
金额（大写）	贰佰元整		（小写）￥200.00		

中国工商银行武汉长江支行 2013.12.25 转讫

第二联 客户回单

武汉鼎新家具有限公司

费 用 报 销 单

2013年12月25日

单位或部门	事　　由	金额（元）	单据张数
行政办公室	购打印纸墨盒等	300.00	1
报销金额（大写）	×万×仟叁佰零拾零元零角零分	￥300.00	

审批：刘春发　　　　报销人：张全

湖北省国家税务局通用手工发票

发 票 联

发票代码142011223501
发票号码12821141

付款单位:武汉鼎新家具有限公司 2013年12月25日

项目内容	金额 百	十	元	角	分	备注
打印纸	1	0	0	0	0	
墨盒	2	0	0	0	0	
合计人民币（大写） 叁佰零拾零元零角零分	3	0	0	0	0	

第二联 发票联

收款单位名称:武汉新华文具商店 开票人:李萍

收款单位税号:

中国工商银行

转账支票存根

62268735

32515805

附加信息

签发日期 2013年12月25日

收款人:	武汉三江板材公司
金 额:	￥300 000.00
用 途:	货款
备 注:	周林

单位主管 会计

湖北省增值税专用发票

4200123521 发票联 №24565149

开票日期：2013年12月25日

购货单位	名称：武汉鼎新家具有限公司 纳税人识别号：420110862387652 地址、电话：武汉市环湖路1号 027-84876642 开户行及账号：中国工商银行长江支行 40586123768			密码区	72>2+87*12+50+-4-+>4>0+*41> 86/07-70<*856<-+41-2+9437+8 36<32+3<9+384*/486*/32-4>32 80/5+*-3-<35*827/+-392/>342	加密版本：01 4200123521 24565149	
货物或应税劳务名称	规格型号	单位	数量	单价	金额	税率	税额
木板	2 000×1 000×15	张	500	200.00	100 000.00	17%	17 000.00
合计							
价税合计（大写）	⊗壹拾壹万柒仟元整				（小写）¥117 000.00		
销货单位	名称：武汉三江板材有限公司 纳税人识别号：420104865645612 地址、电话：武汉市汉西路1号 027-83231256 开户行及账号：中国农业银行汉西路支行 17028524321			备注	武汉三江板材有限公司 420104865645612 发票专用章		

收款人： 复核： 开票人：张玲 销货单位：（章）

第二联 发票联 购货方记账凭证

武汉鼎新家具有限公司

材料入库单

CLRK20130072

2013年12月25日

材料来源：武汉三江板材有限公司

材料名称	规格	计量单位	购买数量	入库数量	备注
木板	2 000×1 000×15	张	500	500	

②记账

采购员：周林 保管员：张强

武汉鼎新家具有限公司

领　料　单

LL20130072

2013年12月26日

领料部门：生产车间　　　　用途：生产桌椅

材料名称	规　格	计量单位	请领数量	实领数量	备注
油漆		桶	50	50	

②记账

领料人：李斌　　　　保管员：张强

武汉鼎新家具有限公司

费 用 报 销 单

2013年12月26日

单位或部门	事　　由	金额（元）	单据张数
车间	修理设备	13 445.00	1
报销金额（大写）	壹万叁仟肆佰肆拾伍元零角零分	￥13 445.00	

审批：刘春发　　　　报销人：李斌

湖北省国家税务局通用机打发票(网络版)

发票联

发票代码 142011213002

发票号码 04991901

网络发票号: 425956766734

开票日期:2013 年 12 月 26 日　　行业分类:

购方单位: 武汉鼎新家具有限公司　　购货方识别号或证件号:

品名及规格	货物或劳务名称	单位	数量	单价	金额
	修理设备	次	1		13 445.00
金额(大写)壹万叁仟肆佰肆拾伍元整				¥13 445.00	
开票单位盖章		收款人:		开票人:王虹	

(印章:武汉保利机械设备维修有限公司 420102351556638 发票专用章)

第二联 发票联(购货单位付款凭证)(手开无效)

中国工商银行

转账支票存根

62268735

32515806

附加信息 ________

签发日期 2013年12月26日

收款人: 武汉保利设备公司
金　额: ¥13 445.00
用　途: 修理费
备　注:　　李斌

单位主管　　会计

4200123241　**湖北省增值税专用发票**　№35601459

此联不作报销、扣税凭证使用

开票日期：2013 年 12 月 28 日

<table>
<tr><td rowspan="4">购货单位</td><td>名　　称：</td><td colspan="3">汉阳家具商场有限公司</td><td rowspan="4">密码区</td><td colspan="2">87*/36/0*41>41-212+50+-4-+></td><td rowspan="4">加密版本：01
4200123241
35601459</td></tr>
<tr><td>纳税人识别号：</td><td colspan="3">420105748322250</td><td colspan="2">4>0+892/37+87-70<*856<-++94</td></tr>
<tr><td>地址、电话：</td><td colspan="3">武汉市知音路 18 号 027-84981234</td><td colspan="2">36<33862+3<9+5+4*/4*72-4>32</td></tr>
<tr><td>开户行及账号：</td><td colspan="3">中国建设银行知音路支行 42859673215</td><td colspan="2">8->340/52>2+35-3-<35*827/+2</td></tr>
<tr><td colspan="2">货物或应税劳务名称</td><td>规格型号</td><td>单 位</td><td>数 量</td><td>单 价</td><td>金 额</td><td>税率</td><td>税 额</td></tr>
<tr><td colspan="2">桌椅
合 计</td><td></td><td>组</td><td>250</td><td>800.00</td><td>200 000.00</td><td>17%</td><td>34 000.00</td></tr>
<tr><td colspan="2">价税合计（大写）</td><td colspan="4">⊗贰拾叁万肆仟元整</td><td colspan="3">（小写）￥234 000.00</td></tr>
<tr><td rowspan="4">销货单位</td><td>名　　称：</td><td colspan="3">武汉鼎新家具有限公司</td><td rowspan="4">备注</td><td colspan="3" rowspan="4"></td></tr>
<tr><td>纳税人识别号：</td><td colspan="3">420110862387652</td></tr>
<tr><td>地址、电话：</td><td colspan="3">武汉市环湖路 1 号 027-84876642</td></tr>
<tr><td>开户行及账号：</td><td colspan="3">中国工商银行长江支行 40586123768</td></tr>
</table>

收款人：　　复核：　　开票人：李晶　　销货单位：（章）

第一联 记账联 销货方记账凭证

武汉鼎新家具有限公司

产 品 出 库 单　CK20130071

2013 年 12 月 28 日

发往单位：汉阳家具商场有限公司

材料名称	规　格	计量单位	出库数量	出库金额	备注
桌椅		组	250		

②记账

提货人：王虎　　保管员：张强

银行进账单(收账通知)

2013年12月28日

<table>
<tr><td rowspan="3">出票人</td><td>全　称</td><td colspan="10">汉口家具商场有限公司</td></tr>
<tr><td>开户银行</td><td colspan="10">中国工商银行长江路支行</td></tr>
<tr><td>账　号</td><td colspan="10">32898673325</td></tr>
<tr><td rowspan="2">金额</td><td rowspan="2">人民币
(小写)</td><td>千</td><td>百</td><td>十</td><td>万</td><td>千</td><td>百</td><td>十</td><td>元</td><td>角</td><td>分</td></tr>
<tr><td></td><td>¥</td><td>8</td><td>0</td><td>0</td><td>0</td><td>0</td><td>0</td><td>0</td><td>0</td></tr>
<tr><td rowspan="3">收款人</td><td>全　称</td><td colspan="10">武汉鼎新家具有限公司</td></tr>
<tr><td>开户银行</td><td colspan="10">中国工商银行长江支行</td></tr>
<tr><td>账　号</td><td colspan="10">40586123768</td></tr>
<tr><td colspan="2">票据种类</td><td colspan="4">转账支票</td><td colspan="4">票据张数</td><td colspan="2">1</td></tr>
<tr><td colspan="2">票据号码</td><td>5</td><td>0</td><td>9</td><td>5</td><td>3</td><td>1</td><td>1</td><td>2</td><td colspan="2"></td></tr>
<tr><td colspan="2">备　注</td><td colspan="10"></td></tr>
</table>

(印章：中国工商银行武汉长江支行 2013.12.28 转讫)

复核　　　　　　　记账

中国工商银行

转账支票存根

62268735

32515807

附加信息 ________________

____

____

签发日期　2013年12月28日

收款人：武汉佳禾木材公司
金　额：¥200 000.00
用　途：货款
备　注：　　　周林

单位主管　　　会计

42000231413　　**湖北省增值税专用发票**　　№82556031

发票联

开票日期：2013 年 12 月 28 日

购货单位	名　　称：武汉鼎新家具有限公司 纳税人识别号：420110862387652 地址、电话：武汉市环湖路 1 号 027-84876642 开户行及账号：中国工商银行长江支行 40586123768	密码区	/36<351>41-280+-4-+>4>0+16/ 3+943*/32-7+87-70<*856<-+92 0*42+04*/486+787*4>32+3<9+0 27>22+/+->342*-3-<35*8+80/5	加密版本：01 4200023143 82556031

货物或应税劳务名称	规格型号	单 位	数 量	单 价	金 额	税率	税 额
原木	4 000×200	根	1 000	100.00	100 000.00	17%	17 000.00
合　计							
价税合计（大写）	⊗壹拾壹万柒仟元整				（小写）￥117 000.00		

销货单位	名　　称：武汉佳禾木材有限公司 纳税人识别号：420102556784350 地址、电话：武汉市汉东路 8 号 027-82235658 开户行及账号：中国银行汉东路支行 35628524333	备注	武汉佳禾木材有限公司 420102556784350 发票专用章

收款人：　　复核：　　开票人：刘芳　　销货单位：（章）

第二联　发票联　购货方记账凭证

武汉鼎新家具有限公司

材 料 入 库 单

CLRK20130073

2013年12月28日

材料来源：武汉佳禾木材有限公司

材料名称	规　格	计量单位	购买数量	入库数量	备注
原木	4 000×200	根	1 000	1 000	

②记账

采购员：周林　　保管员：张强

武汉鼎新家具有限公司

借 支 单

2013 年 12 月 30 日

借支人	张大明	部门	技术部
借支金额	人民币贰仟元整		（¥2 000.00）
借支事由	到深圳出差		

审批：刘奋发　　　　借款人：张大明

中国工商银行

现金支票存根

62262458

21568524

附加信息

签发日期 2013年12月30日

收款人:	张大明
金　额:	￥2 000.00
用　途:	差旅费
备　注:	

单位主管　　会计

4200123241

湖北省增值税专用发票

№35601460

此联不作报销、扣税凭证使用

开票日期：2013 年 12 月 30 日

购货单位	名称：	汉口体育用品商场有限公司	密码区	27/+12+50+1-2-4-+>4>0+86/0* 92/37-70<*841>456<-++9436<3 62+3<9+2-4*/4867*78*/32-4>3 37+880/52>2++*-3-<35*8->342	加密版本：01 4200123241 35601460
	纳税人识别号：	420103325384658			
	地址、电话：	武汉市长江路 15 号 027-85863566			
	开户行及账号：	中国农业银行长江路支行 17535235621			

货物或应税劳务名称	规格型号	单位	数量	单价	金额	税率	税额
桌椅		组	300	800.00	24 0000.00	17%	40 800.00
合计							
价税合计（大写）	⊗贰拾捌万零捌佰元整				（小写）¥280 800.00		

销货单位	名称：	武汉鼎新家具有限公司	备注	
	纳税人识别号：	420110862387652		
	地址、电话：	武汉市环湖路 1 号 027-84876642		
	开户行及账号：	中国工商银行长江支行 40586123768		

收款人：　　复核：　　开票人：李晶　　销货单位：（章）

第一联 记账联 销货方记账凭证

武汉鼎新家具有限公司

产 品 出 库 单

CK20130072

2013 年 12 月 30 日

发往单位：汉口家具商场有限公司

材料名称	规格	计量单位	出库数量	出库金额	备注
桌椅		组	300		

②记账

提货人：钱彪　　保管员：张强

银行进账单(收账通知)

2013年12月30日

<table>
<tr><td rowspan="3">出票人</td><td>全　称</td><td colspan="10">武昌家具商场有限公司</td></tr>
<tr><td>开户银行</td><td colspan="10">中国建设银行沿江路支行</td></tr>
<tr><td>账　号</td><td colspan="10">62859666216</td></tr>
<tr><td rowspan="2">金额</td><td rowspan="2">人民币
(小写)</td><td>千</td><td>百</td><td>十</td><td>万</td><td>千</td><td>百</td><td>十</td><td>元</td><td>角</td><td>分</td></tr>
<tr><td></td><td>¥</td><td>4</td><td>0</td><td>0</td><td>0</td><td>0</td><td>0</td><td>0</td><td>0</td></tr>
<tr><td rowspan="3">收款人</td><td>全　称</td><td colspan="10">武汉鼎新家具有限公司</td></tr>
<tr><td>开户银行</td><td colspan="10">中国工商银行长江支行</td></tr>
<tr><td>账　号</td><td colspan="10">40586123768</td></tr>
<tr><td colspan="2">票据种类</td><td colspan="3">转账支票</td><td colspan="4">票据张数</td><td colspan="3">1</td></tr>
<tr><td colspan="2">票据号码</td><td>6</td><td>0</td><td>5</td><td>6</td><td>8</td><td>3</td><td>5</td><td colspan="3">8</td></tr>
<tr><td colspan="2">备　注</td><td colspan="10"></td></tr>
</table>

中国工商银行武汉长江支行 2013.12.30 转讫

复核　　　　记账

武汉鼎新家具有限公司

产 品 入 库 单

CPRK20130036

2013 年 12 月 30 日

材料名称	规　格	计量单位	交库数量	实收数量	备注
桌椅		组	500	500	

②记账

移交人：林雄　　　　保管员：张强

中国电信股份有限公司武汉分公司特约委托收款专用发票

发票联

发票代码：242010940091

发票号码：**16385841**

付款方			收款方		
	全　称	武汉鼎新家具有限公司		全　称	中国电信股份有限公司武汉分公司
	账　号	40586123768		账　号	79301040003764
	开户银行	中国工商银行长江支行		开户银行	830178

托收金额	人民币（大写）：壹仟贰佰肆拾伍元整	千	百	十	元	角	分
	¥	1	2	4	5	0	0

款项性质	2013年12月电信业务费用	合同号码	100138745067
业务号码	84876642 等共9个		
套餐使用费500.00 国内长途费92.00	市话费653.00 合计1 245.00	根据协议上列款项已由付款单位账户付出。 付款人开户银行盖章	
		委托日期：2013年12月25日	

中国工商银行武汉长江支行 2013.12.28 转讫

发票专用章

武汉自来水有限公司特约委托收款专用发票

发票联

发票代码：142010940292

发票号码：**66835561**

付款方			收款方		
	全　称	武汉鼎新家具有限公司		全　称	武汉自来水有限公司
	账　号	40586123768		账　号	52101040257766
	开户银行	中国工商银行长江支行		开户银行	830178

托收金额	人民币（大写）：贰仟叁佰元整	千	百	十	元	角	分
	¥	2	3	0	0	0	0

款项性质	2013年12月水费				合同号码	102538746868
上月止码	本月止码	用水量	单价	金额	根据协议上列款项已由付款单位账户付出。 付款人开户银行盖章	
2752	3902	1 150	2.00	2 300.00		
					委托日期：2013年12月25日	

中国工商银行武汉长江支行 2013.12.28 转讫

发票专用章

武汉鼎新家具有限公司

水费用分配表

部门	车间	科室	销售部	合计
用水量(T)	875	230	45	1 500
水费(元)	1 750.00	460.00	90.00	2 300.00

制表人：张全　　　　2013年12月31日

武汉供电有限公司特约委托收款专用发票

发票联

发票代码：142010941245
发票号码：57752861

付款方			收款方		
付款方	全　称	武汉鼎新家具有限公司	收款方	全　称	武汉供电有限公司
	账　号	40586123768		账　号	53621028257886
	开户银行	中国工商银行长江支行		开户银行	826578
托收金额	人民币（大写）：叁仟陆佰元整				¥3 600.00
款项性质	2013年12月电费		合同号码	212535696866	
上月止码	本月止码	用电量	单价	金额	根据协议上列款项已由付款单位账户付出。付款人开户银行盖章
31660	38860	7 200	0.50	3 600.00	委托日期：2013年12月25日

中国工商银行武汉长江支行 2013.12.28 转讫

武汉供电有限公司 420101801563568 发票专用章

武汉鼎新家具有限公司

电费分配表

部门	车间	科室	销售部	合计
用电量(度)	5 160.00	1 800	240	7 200.00
电费(元)	2 580.00	900.00	120.00	3 600.00

制表人：张全　　　　2013年12月31日

武汉鼎新家具有限公司

工 资 分 配 表

人员类别	工资总额	生产成本	制造费用	管理费用	销售费用
生产工人	118 600.00				
车间管理人员	12 400.00				
公司管理人员	58 000.00				
销售人员	10 000.00				
合　计	199 000.00				

制表人：　　　　2013年12月31日

武汉鼎新家具有限公司

工会经费、职工教育经费计提表

人员类别	工资总额	工会经费	职工教育经费
生产工人			
车间管理人员			
公司管理人员			
销售人员			
合　计			

制表人：　　　　　　　　　　2013年12月31日

武汉鼎新家具有限公司

固定资产折旧计提表

固定资产类别	原　值	月折旧率	折旧额
生产用固定资产			
管理用固定资产			
销售用固定资产			
合　　计			

制表人：　　　　　　　　　　2013年12月31日

武汉鼎新家具有限公司

制造费用分配表

车　　间	制造费用额	分配对象	分配比例	分配金额
基本生产车间		桌椅	100%	

制表人：　　　　　　　　　　2013年12月31日

武汉鼎新家具有限公司

产品入库汇总表

2013年1月　　附入库单3张

产品名称	计量单位	入库数量	生产成本	备注
桌椅	组			

制表人：　　2013年12月31日

武汉鼎新家具有限公司

月末未完工产品报告单

2013年12月31日

产品名称	计量单位	未完工产品数量	约当产量	生产成本
桌椅	组	0	0	0

复核：王福生　　制表：李斌

武汉鼎新家具有限公司

营业税金及附加计提表

税费名称	计税（费）依据	计税（费）金额	税（费）率	税（费）额
城市维护建设税	增值税额		7%	
教育费附加	增值税额		3%	
合　计				

制表人：　　2013年12月31日

武汉鼎新家具有限公司

企业所得税计提表

会计年度利润	调增金额	调减金额	应纳税所得额	税率	税　额
	0	0		25%	

制表人：　　2013年12月31日

四、附录

（一）资产负债表

资 产 负 债 表

会企 01 表

单位：　　　　　　　　　　　　年　　月　　日　　　　　　　　　　　　单位：元

资　　产	期末余额	年初余额	负债和所有者权益（或股东权益）	期末余额	年初余额
流动资产：			流动负债：		
货币资金			短期借款		
交易性金融资产			交易性金融负债		
应收票据			应付票据		
应收账款			应付账款		
预付款项			预收款项		
应收利息			应付职工薪酬		
应收股利			应交税费		
其他应收款			应付利息		
存货			应付股利		
一年内到期的非流动资产			其他应付款		
其他流动资产			一年内到期的非流动负债		
流动资产合计			其他流动负债		
非流动资产：			流动负债合计		
可供出售金融资产			非流动负债：		
持有至到期投资			长期借款		
长期应收款			应付债券		
长期股权投资			长期应付款		
投资性房地产			专项应付款		
固定资产			预计负债		
在建工程			递延所得税负债		
工程物资			其他非流动负债		
固定资产清理			非流动负债合计		
生产性生物资产			负债合计		
油气资产			所有者权益（或股东权益）：		
无形资产			实收资本（或股本）		
开发支出			资本公积		
商誉			减：库存股		
长期待摊费用			盈余公积		
递延所得税资产			未分配利润		
其他非流动资产			所有者权益（或股东权益）合计		
非流动资产合计					
资产总计			负债和所有者（或股东权益）合计		

制表人：

资 产 负 债 表

会企01表

单位：　　　　年　月　日　　　　单位：元

资　　产	期末余额	年初余额	负债和所有者权益（或股东权益）	期末余额	年初余额
流动资产：			流动负债：		
货币资金			短期借款		
交易性金融资产			交易性金融负债		
应收票据			应付票据		
应收账款			应付账款		
预付款项			预收款项		
应收利息			应付职工薪酬		
应收股利			应交税费		
其他应收款			应付利息		
存货			应付股利		
一年内到期的非流动资产			其他应付款		
其他流动资产			一年内到期的非流动负债		
流动资产合计			其他流动负债		
非流动资产：			流动负债合计		
可供出售金融资产			非流动负债：		
持有至到期投资			长期借款		
长期应收款			应付债券		
长期股权投资			长期应付款		
投资性房地产			专项应付款		
固定资产			预计负债		
在建工程			递延所得税负债		
工程物资			其他非流动负债		
固定资产清理			非流动负债合计		
生产性生物资产			负债合计		
油气资产			所有者权益（或股东权益）：		
无形资产			实收资本（或股本）		
开发支出			资本公积		
商誉			减：库存股		
长期待摊费用			盈余公积		
递延所得税资产			未分配利润		
其他非流动资产			所有者权益（或股东权益）合计		
非流动资产合计					
资产总计			负债和所有者（或股东权益）合计		

制表人：

资产负债表

会企 01 表

单位：　　　　　　　　　　年　月　日　　　　　　　　　　单位：元

资　　产	期末余额	年初余额	负债和所有者权益（或股东权益）	期末余额	年初余额
流动资产：			流动负债：		
货币资金			短期借款		
交易性金融资产			交易性金融负债		
应收票据			应付票据		
应收账款			应付账款		
预付款项			预收款项		
应收利息			应付职工薪酬		
应收股利			应交税费		
其他应收款			应付利息		
存货			应付股利		
一年内到期的非流动资产			其他应付款		
其他流动资产			一年内到期的非流动负债		
流动资产合计			其他流动负债		
非流动资产：			流动负债合计		
可供出售金融资产			非流动负债：		
持有至到期投资			长期借款		
长期应收款			应付债券		
长期股权投资			长期应付款		
投资性房地产			专项应付款		
固定资产			预计负债		
在建工程			递延所得税负债		
工程物资			其他非流动负债		
固定资产清理			非流动负债合计		
生产性生物资产			负债合计		
油气资产			所有者权益（或股东权益）：		
无形资产			实收资本（或股本）		
开发支出			资本公积		
商誉			减：库存股		
长期待摊费用			盈余公积		
递延所得税资产			未分配利润		
其他非流动资产			所有者权益（或股东权益）合计		
非流动资产合计					
资产总计			负债和所有者（或股东权益）合计		

制表人：

（二）利润表

利　润　表

会企 02 表

单位：　　　　　　　　　　年　月　　　　　　　　　　单位：元

项　目	本期金额	累计金额
一、营业收入		
减：营业成本		
营业税金及附加		
销售费用		
管理费用		
财务费用（收益以“－”号填列）		
资产减值损失		
加：公允价值变动净收益（净损失以“－”号填列）		
投资净收益（净损失以“－”号填列）		
其中:对联营企业和合营企业的投资收益		
二、营业利润（亏损以“－”号填列）		
加：营业外收入		
减：营业外支出		
其中：非流动资产处置净损失（净收益以“—”号填列）		
三、利润总额（亏损总额以“－”号填列）		
减：所得税		
四、净利润（净亏损以“－”号填列）		
五、每股收益：		
（一）基本每股收益		
（二）稀释每股收益		
六、综合收益		
（一）其他综合收益		
（二）综合收益总额		

制表人：

利　润　表

会企 02 表

单位：　　　　　　　　　　　　年　月　　　　　　　　　　　　单位：元

项　目	本期金额	累计金额
一、营业收入		
减：营业成本		
营业税金及附加		
销售费用		
管理费用		
财务费用（收益以“－”号填列）		
资产减值损失		
加：公允价值变动净收益（净损失以“－”号填列）		
投资净收益（净损失以“－”号填列）		
其中:对联营企业和合营企业的投资收益		
二、营业利润（亏损以“－”号填列）		
加：营业外收入		
减：营业外支出		
其中：非流动资产处置净损失（净收益以“—”号填列）		
三、利润总额（亏损总额以“－”号填列）		
减：所得税		
四、净利润（净亏损以“－”号填列）		
五、每股收益：		
（一）基本每股收益		
（二）稀释每股收益		
六、综合收益		
（一）其他综合收益		
（二）综合收益总额		

制表人：

利　润　表

会企 02 表

单位：　　　　　　　　　　年　　月　　　　　　　　　　单位：元

项　　目	本期金额	累计金额
一、营业收入		
减：营业成本		
营业税金及附加		
销售费用		
管理费用		
财务费用（收益以“－”号填列）		
资产减值损失		
加：公允价值变动净收益（净损失以“－”号填列）		
投资净收益（净损失以“－”号填列）		
其中:对联营企业和合营企业的投资收益		
二、营业利润（亏损以“－”号填列）		
加：营业外收入		
减：营业外支出		
其中：非流动资产处置净损失（净收益以“—”号填列）		
三、利润总额（亏损总额以“－”号填列）		
减：所得税		
四、净利润（净亏损以“－”号填列）		
五、每股收益：		
（一）基本每股收益		
（二）稀释每股收益		
六、综合收益		
（一）其他综合收益		
（二）综合收益总额		

制表人：

（三）科目汇总表

科目汇总表

年　月　日

记账凭证自第　号至第　号共　张　　　　　　　　　　　　汇字第　号

科　　目	借 方 金 额	贷 方 金 额	记　　账
合　　计			

制表人：

科目汇总表

年　月　日

记账凭证自第　号至第　号共　张　　　　　　　　　　　　　　汇字第　号

科　目	借方金额	贷方金额	记　账
合　计			

制表人：

科目汇总表

年　月　日

记账凭证自第　号至第　号共　张　　　　　　　　　　　　汇字第　号

科　目	借方金额	贷方金额	记　账
合　计			

制表人：

（四）收款收据

武汉市地方税务局统一收款收据

242010132521

年　月　日　　№12567251

今收到____________________

人民币（大写）____________（小写）￥________

收款事由____________________

①存根联

单位盖章：　会计：　出纳：　经手人：

武汉市地方税务局统一收款收据

242010132521

年　月　日　　№12567252

今收到____________________

人民币（大写）____________（小写）￥________

收款事由____________________

①存根联

单位盖章：　会计：　出纳：　经手人：

武汉市地方税务局统一收款收据

242010132521

年　月　日　　№12567253

今收到____________________

人民币（大写）____________（小写）￥________

收款事由____________________

①存根联

单位盖章：　会计：　出纳：　经手人：

武汉市地方税务局统一收款收据

242010132521

年　月　日　　№12567251

今收到 ______________________________

人民币(大写) ____________________ (小写)￥__________

收款事由 ______________________________

②收据联

单位盖章：　　会计：　　出纳：　　经手人：

武汉市地方税务局统一收款收据

242010132521

年　月　日　　№12567252

今收到 ______________________________

人民币(大写) ____________________ (小写)￥__________

收款事由 ______________________________

②收据联

单位盖章：　　会计：　　出纳：　　经手人：

武汉市地方税务局统一收款收据

242010132521

年　月　日　　№12567253

今收到 ______________________________

人民币(大写) ____________________ (小写)￥__________

收款事由 ______________________________

②收据联

单位盖章：　　会计：　　出纳：　　经手人：

武汉市地方税务局统一收款收据

242010132521

年　　月　　日　　　№12567251

今收到＿＿＿＿＿＿＿＿＿＿＿＿＿＿＿＿＿＿＿＿

人民币(大写)＿＿＿＿＿＿＿＿＿＿＿＿　(小写)￥＿＿＿＿＿＿

收款事由＿＿＿＿＿＿＿＿＿＿＿＿＿＿＿＿＿＿＿＿

③记账联

单位盖章：　　会计：　　出纳：　　经手人：

武汉市地方税务局统一收款收据

242010132521

年　　月　　日　　　№12567252

今收到＿＿＿＿＿＿＿＿＿＿＿＿＿＿＿＿＿＿＿＿

人民币(大写)＿＿＿＿＿＿＿＿＿＿＿＿　(小写)￥＿＿＿＿＿＿

收款事由＿＿＿＿＿＿＿＿＿＿＿＿＿＿＿＿＿＿＿＿

③记账联

单位盖章：　　会计：　　出纳：　　经手人：

武汉市地方税务局统一收款收据

242010132521

年　　月　　日　　　№12567253

今收到＿＿＿＿＿＿＿＿＿＿＿＿＿＿＿＿＿＿＿＿

人民币(大写)＿＿＿＿＿＿＿＿＿＿＿＿　(小写)￥＿＿＿＿＿＿

收款事由＿＿＿＿＿＿＿＿＿＿＿＿＿＿＿＿＿＿＿＿

③记账联

单位盖章：　　会计：　　出纳：　　经手人：

参 考 文 献

[1] 刘永译．会计学教程（第2版）[M]．北京：清华大学出版社，2007.

[2] 于小雷．新企业会计实务讲解 [M]．北京：机械工业出版社，2007.

[3] 梁莱茵．现代财务会计理论 [M]．北京：清华大学出版社，2007.

[4] 张志凤．中级会计实务 [M]．北京：北京大学出版社，2011.

[5] 王纹．数字会说话——ERP 中级财务管理 [M]．北京：机械工业出版社，2003.

[6] 胡仁昱，等．自助式会计系统 [M]．上海：立信会计出版社，2000.

[7] 路国平，施元冲，杨闻萍，等．中级会计实务 [M]．北京：人民出版社，2008.

[8] 陈国辉，孙永玲．基础会计学 [M]．大连：东北财经大学出版社，2009.

[9] 武涛，马尚才．会计电算化初级培训教程 [M]．北京：经济科学出版社，2010.

